Pour solde de tout compte

Jean-Michel Rossi
François Santoni

Entretiens avec Guy Benhamou

Pour solde de tout compte

Les nationalistes corses parlent

DENOËL
IMPACTS

9, rue du Cherche-Midi, 75006 Paris
ISBN 2-207-25130-6
B 25130-3

Mes frères dans la guerre ! Je vous aime foncièrement, je suis et fus des vôtres. Et suis aussi votre meilleur ennemi. Ainsi, que je vous dise la vérité !

F. NIETZSCHE,
Ainsi parlait Zarathoustra

Préambule

Pourquoi un livre ? Pourquoi avons-nous éprouvé le besoin de noircir du papier, en des temps où paraissent tant d'ouvrages approximatifs, aussi peu soucieux de sincérité que de vérité historique ? Précisément pour remettre les pendules à l'heure et renvoyer les moralistes tardifs à leurs contradictions, ou à leurs turpitudes.

Nous en avons par-dessus la tête de voir publier de fausses confessions en forme de plaidoyers *pro domo*, où transparaît une unique préoccupation : faire en sorte que leurs auteurs échappent à toute responsabilité dans la crise corse. Pour certains, l'Enfer, c'est toujours les autres. Hélas pour ces tartufes en quête de rédemption, les faits sont là, qui attestent, mieux que tout discours, leur duplicité.

C'est parce que la vérité est âpre, prétendait de Gaulle, qu'elle doit être dite âprement. Tel est notre propos. Non que nous éprouvions quelque jouissance malsaine à égrener la litanie des fautes et autres « bavures » d'une lutte à laquelle nous avons donné les plus belles années de notre existence.

Ce livre n'est pas un rapport d'autopsie et nous ne nous sentons aucune disposition à jouer les nécrophages. Bien au contraire, c'est parce que nous pensons que rien n'est irrémédiablement compromis que nous entendons analyser les causes de l'échec actuel du mouvement national, afin de permettre à la génération appelée à nous succéder de prendre la relève dans des conditions moins défavorables.

« La victoire a de nombreux pères, seule la défaite est orpheline », assure un proverbe arabe. Il nous eût été aisé, à l'instar de tant d'autres – leaders autoproclamés ou simples quidams en mal de notoriété –, de nous livrer à une tirade autojustificatrice.

C'est un tout autre choix que nous avons fait. Celui de nous soumettre aux questions d'un journaliste peu suspect de complaisance à notre endroit. Guy Benhamou, avec qui nous avons naguère rompu des lances, était sans doute le mieux à même de jouer les inquisiteurs. Plus soucieux de comprendre que de flatter, d'expliquer que d'assener, il n'est pas de ceux que l'on peut intimider ni abuser : il faut le convaincre ou bien renoncer.

À ses interrogations, nous nous sommes efforcés de répondre avec pertinence et sincérité, dans les limites que nous impose le souci de ne pas mettre en péril la liberté ou la vie des personnes que nous évoquons. Régler nos comptes avec tel ou tel individu, telle ou telle organisation, n'est pas notre principal objectif. Par-delà les indispensables mises au point, ce qui nous préoccupe est le sort de notre pays, où le débat idéologique se résume trop souvent à la langue de bois d'une poignée de charlatans, qu'ils se réclament de la

France républicaine ou d'un corsisme dévoyé en nationalisme ethnique.

Si nous avons décidé de prendre la parole aujourd'hui, c'est parce que nous pensons qu'il y a encore un avenir pour un patriotisme corse qui préfère la réflexion à l'activisme, la solidarité à l'antagonisme. Parce que ce peuple possède des ressources insoupçonnées et que les hommes et les femmes qui le composent méritent mieux que des gesticulations politiciennes sans lendemain : un véritable projet politique, propre à transcender les chapelles et les querelles de personnes.

Mais sans retour lucide sur le passé, point de futur possible pour le Mouvement national corse, toujours en proie à ses vieux démons.

Pour que demain soit réellement un autre jour, il importe que chacun consente à admettre les fautes d'hier et s'attache à ne pas les reproduire.

Il y a beau temps que nous ne croyons plus aux lendemains qui chantent. Pour autant, nous nous refuserons toujours à la fatalité du désastre.

« Nos souffrances sont nos leçons », martelait la sagesse antique. Puisse le récit de ces années chaotiques contribuer à l'intelligence de notre histoire et aider cette terre à aborder avec sérénité le siècle qui commence.

JEAN-MICHEL ROSSI ET FRANÇOIS SANTONI

Portraits

François Santoni

Il a trop l'air d'un tueur pour ne pas l'être un peu. Ne serait-ce que par la pensée. Le crâne rasé, la silhouette massive et le regard dissimulé derrière ses lunettes noires, François Santoni fut le chef adulé et craint d'une faction nationaliste corse. Sous sa férule, combien d'attentats ont été commis ? Combien de coups de feu ont été tirés ? Combien de militants, peut-être, sont tombés ? Autant de questions que l'homme prend soin d'éviter, pour ne pas alourdir encore un casier judiciaire que la magistrature n'en finit pas de remplir. Mais à défaut de répondre à ces questions, François Santoni parle. Il sait expliquer des heures durant, et avec des accents d'une sincérité qu'on ne lui connaissait pas, ce qu'est son itinéraire d'homme engagé. Qu'il n'a jamais cru à la victoire militaire des cagoules contre la France. Qu'il ne croit pas à l'indépendance, sauf par romantisme attardé. Et qu'en discutant avec les représentants d'un État qu'à longueur de colonnes son propre journal vilipendait, il pensait enfin parvenir à régler la question corse.

Mais à jouer à la roulette politique, il arrive souvent que l'on se fasse plumer. Santoni le magnifique a tout misé sur Charles Pasqua, cheval perdant emporté en 1995 par l'échec de Balladur à la présidentielle. Santoni a tout remis sur Jean-Louis Debré, négociant avec le ministre de l'Intérieur une sortie honorable de la clandestinité. Contre un petit statut de territoire d'outre-mer pour la Corse et quelques arrangements pour les futurs ex-cagoulés, le FLNC Canal historique promettait de se dissoudre dans le paysage. Pas de chance au tirage, c'est Alain Juppé, Premier ministre, qui a repris la main. Santoni est repassé par la case prison, son projet est passé au broyeur et ses ami(e)s à l'ennemi.

Le chef présumé du FLNC Canal historique n'est plus aujourd'hui qu'un homme presque ordinaire. Promenant son mètre quatre-vingt-trois dans les rues de Paris, l'oreille collée à l'un de ses nombreux téléphones portables très écoutés, François Santoni attend son heure. Celle de rentrer dans son île autrement que pour une semaine chaque mois, histoire de respirer un peu l'air du maquis. Celle de retrouver sa place, mais laquelle, dans une société corse que lui et d'autres ont maltraitée en pensant agir pour son bien. En attendant, lui qui sait beaucoup de choses a choisi d'en dire un peu. À commencer par sa date de naissance, le 6 juin 1960, à la maternité d'Ajaccio, en pleine famille gaulliste et corse. Le nouveau-né ne sait pas alors qu'il sera vingt ans plus tard un redouté chef nationaliste. Il doit se contenter de grandir à l'ombre de la photo du général de Gaulle, posée sur la cheminée de la maison familiale, à Giannucciu, en Corse-du-Sud. Le village ne possède pas l'eau courante et n'est relié au reste du monde que par un mauvais chemin de terre. Maman Santoni élève François, son frère et sa sœur. Papa Santoni fait l'instituteur, affiche des opinions gaullistes et apprend à ses enfants à parler corse avant de parler français. Le petit François prendra quelques gifles à l'école, face au maître qui exige que l'on dise « monsieur », et non plus papa, et que l'on parle français. Mais en revanche, il ne cherchera jamais son identité corse, il l'a. Après ses études secondaires à Ajaccio, François gagne l'université d'Aix-en-Provence. En 1978, c'est par fidélité envers l'un de ses amis, militant incarcéré, et non par conviction, qu'il gagne les rangs du Front de libération nationale de la Corse (FLNC). Il se prendra au jeu, poussé par la répression anti-autonomiste. Lui qui ne fera jamais son service militaire, exempté pour cause de soutien de famille, est immédiatement projeté dans la structure militaire clandestine et devient en 1982 le responsable militaire du secteur « Gravone », une vallée proche d'Ajaccio. Instituteur le jour, il enseigne dans le sud de l'île, avec des classes spécialisées. Militant la nuit, celui qui deviendra le meneur d'hommes de la lutte nationaliste n'est encore qu'un chef de bande, avec sous ses ordres une trentaine de personnes, et il participe activement aux campagnes d'attentats revendiqués et décidés par le FLNC. Sa formation au combat est celle de nombreux jeunes Corses de l'époque, habitués à jouer aux gendarmes et aux voleurs dans le maquis avec d'authentiques armes de guerre, comme les antiques mitraillettes Sten ou des grenades quadrillées, parachutées en quantité par les Américains durant la guerre. Sans compter les pains de plastic italien abandonnés par caisses entières. Arrêté en 1985, il écope de huit années de prison pour deux attaques contre l'état-major de l'Armée et un village de vacances du Commissariat à l'énergie atomique. Il passe successivement par les prisons d'Ajaccio, Fleury-Mérogis, les Baumettes à Marseille, Nice, Fresnes, la Santé. C'est lors d'une promenade dans la cour de Fleury-Mérogis qu'il rencontre Jean-Michel Rossi, et que va se lier leur amitié. Santoni est séduit par celui qu'il décrit volontiers comme un intellectuel brillant et sensible, un homme généreux et désintéressé. Santoni fait une tentative d'évasion, avant d'être libéré à Nîmes en mai 1989 et amnistié en août de la même année. Démissionnaire de l'Éducation nationale, il devient alors assistant parlementaire de Max Simeoni, député européen élu sur la liste des Verts. Il profite surtout de ses nombreux voyages à Bruxelles et à Strasbourg pour enrichir son carnet d'adresses et ses contacts. À l'issue du mandat de Max Simeoni, François Santoni devient officiellement le gérant du Centre de gestion et de formation aux affaires (CGFA), dont il ne s'occupe en fait que partiellement, puis responsable de l'entreprise de transports de fonds Bastia Securita, contrôlée par les nationalistes. François Santoni a toujours nié tous liens avec le FLNC, pour d'évidentes raisons judiciaires. Mais pour les policiers, qui n'en ont jamais obtenu la preuve, il aurait été l'un des principaux responsables de cette organisation. Toujours est-il que c'est lui, François Santoni, qui est mandaté par le FLNC Canal historique, dès 1992, pour entreprendre des discussions au plus haut niveau de l'État. C'est aussi à cette époque qu'il devient le compagnon de Marie-Hélène Mattei, avocate bastiaise assurant depuis des années la défense des militants nationalistes.

Le 29 mai 1995, il échappe de peu à une tentative d'assassinat, dans laquelle l'un de ses amis trouve la mort. Élu en janvier 1996 secrétaire national de la Cuncolta, il est mis en cause fin 1996 dans une affaire de racket contre le propriétaire du golf de Sperone, se constitue prisonnier peu après l'arrestation de sa compagne elle aussi mise en cause et est incarcéré à Paris. C'est de sa cellule, en septembre 1998, qu'il annonce sa démission de la Cuncolta. Libéré en novembre, il entérine sa séparation avec Marie-Hélène Mattei, qui a en fait pris les devants durant son incarcération. Condamné à quatre ans de prison ferme en mars 2000, il a fait appel du jugement. Il reste également poursuivi dans deux autres dossiers de racket. Surnommé l'Iguane, en raison de son apparente froideur reptilienne, François Santoni relèverait plutôt, selon ses amis, d'une autre catégorie. Celle du caméléon, en raison de ses facultés d'adaptation. Rustre au village, maniéré à Paris, aussi à l'aise en treillis usé dans le maquis qu'en costume de bonne coupe dans les réceptions parisiennes. Enfin, les services fiscaux et la brigade financière ne lui connaissent pas de fortune personnelle, juste quelques économies venant de la vente d'un appartement.

Les autres richesses connues de François Santoni ? Une connaissance intime des événements corses, dont il révèle ici quelques bribes. Un réseau d'amitiés fidèles. L'espoir de reconstruire une vie privée digne de ce nom. Mais il n'en dira pas plus. Pour le moment.

Jean-Michel Rossi

Jean-Michel Rossi aime la politique, les livres et les idées. Ce fils de la petite bourgeoisie de L'Île-Rousse, engagé très jeune dans les rangs du FLNC, en a fait ses meilleures armes. Même si ce ne sont pas les seules dont il sache se servir. À 44 ans, il sait également manier les chiffres, et ils sont éloquents. Vingt-cinq années de militantisme, dont dix passées derrière les barreaux, une fille âgée de 19 ans qui a grandi loin de son papa incarcéré, une vie entière avalée par des organisations plus ou moins clandestines et l'argent personnel englouti dans la lutte. Pas besoin d'être comptable pour percevoir l'ombre de la faillite. Du haut de son donjon, le vaste bureau perché tout en haut de la maison familiale de L'Île-Rousse, entouré des milliers d'ouvrages qui garnissent sa bibliothèque, Jean-Michel Rossi scrute avec une certaine froideur et sans amertume le paysage dévasté de sa propre existence.

Elle commence le 16 juin 1956, à L'Île-Rousse, berceau de la famille. Sa mère vient d'une lignée de petits propriétaires terriens. Son père est un pharmacien aisé, qui léguera assez de biens à son fils unique pour que celui-ci n'ait aujourd'hui aucun souci matériel. Le grand-père, instituteur, fils d'instituteur et marié à une institutrice, est de ceux qui conduisent les manifestations du Front populaire en 1936. Son anticonformisme lui vaut une mise en retraite anticipée par le régime de Vichy. C'est lui qui inculque à son petit-fils l'amour des livres en même temps que ses premières leçons. À la maison, on ne parle pas des derniers ragots du village, mais de politique. Marianne Basch, la fille de Victor Basch, vient parfois faire une visite, quand ce ne sont pas des réfugiés politiques sardes.

Le petit Jean-Michel fait ainsi toute sa scolarité élémentaire à la maison et entre en sixième avec deux ans d'avance sur ses congénères. Pensionnaire au lycée de Nice, il y mène ensuite ses études supérieures de 1974 à 1979, le temps de décrocher une licence de droit tout en adhérant aux premières organisations de la lutte nationale corse. À son retour dans l'île, il travaille près d'un an dans un cabinet d'assurances puis rachète un commerce qui fait le Loto, les articles de sport et l'armurerie à Calvi. Il relance les affaires, mais considérant son peu d'intérêt pour le Loto et les baskets, il confie ces deux secteurs à Bernard Trojani, militant et agriculteur sans avenir. Ce dernier deviendra ensuite un responsable du FLNC et le patron fondateur du Syndicat des travailleurs corses. La boutique marche bien, mais Jean-Michel Rossi perd de l'argent. C'est que le FLNC est un bon client mais un mauvais payeur : il laissera 60 000 francs d'ardoise lors de la fermeture. Qu'importe, Rossi est d'abord un militant, pas un boutiquier : il paye de sa poche. Ses petits camarades, ingrats, ne le remercient pas.

Le premier hoquet survient en 1984, lorsque la police découvre dans un caveau de cimetière, au milieu d'un petit arsenal, trois armes provenant du magasin de Rossi. Arrêté et emprisonné, la justice en profite pour lui coller sur le dos la destruction d'une vedette de la gendarmerie dans le port de Calvi. Il est pourtant établi à l'époque que Jean-Michel Rossi n'était pas en Corse, mais à Paris, au moment des faits. Pour la première affaire, il écope de trois ans d'emprisonnement avant d'obtenir une relaxe en appel. Pour la deuxième, le tribunal de Bastia lui inflige cinq ans fermes assortis d'une amende coquette : 300 000 francs. En prison, il lit beaucoup, travaille et obtient une licence d'histoire. Il y fait la rencontre d'un autre militant corse, inconnu à l'époque : François Santoni. L'homme est devenu son ami, le frère qu'il n'a pas, et l'un des rares personnages dont il évoque le nom avec une réelle chaleur dans la voix.

Jean-Michel Rossi retrouve la liberté le 24 décembre 1987, pas pour bien longtemps. En avril 1988, c'est le retour à la case prison, après la découverte dans une cache de Bastia d'un livre portant ses empreintes. Mis en liberté provisoire en octobre, il est amnistié l'année suivante. Il se retire alors dans sa Balagne natale et met à profit ce moment de liberté pour refaire, encore et encore, de la politique. Il fonde un groupe de réflexion baptisé « Presenza naziunale », qui rejoint en bloc la Cuncolta en mars 1991. Mais la fin de la récréation sonne en avril 1992, lorsque Jean-Michel Rossi est arrêté en possession de deux armes de poing. Il écope de trois ans d'emprisonnement pour détention d'armes et association de malfaiteurs à l'issue d'un procès au cours duquel il met vertement en cause les pratiques du bloc MPA-FLNC Canal habituel. Sa petite sortie lui vaut aussitôt une interdiction de rentrer en Corse sous peine de mort, que le Canal habituel lèvera finalement.

Libéré le 28 octobre 1993, il reprend sa place de militant à la Cuncolta, puis intègre le journal du mouvement, *U Ribombu*, dont il devient rédacteur en chef en janvier 1996. Chaque semaine, il y pervertit un réel talent d'écriture et une intelligence acérée, dans des pages glauques d'analyses politiques assaisonnées à sa façon : une bonne dose d'injures, une rasade de mensonge et une pincée de haine bien froide. Les militants apprécient, paraît-il, cette cuisine indigeste, propre à les galvaniser. Mais la place lui convient, lui qui se veut plus un homme d'influence que de pouvoir. Idéologue, poussant parfois jusqu'au dogmatisme, il hérite du surnom du « Guide » sans que cela le peine : il en assume le rôle, mieux, le revendique.

En janvier 1997, il est une nouvelle fois interpellé dans le dossier du mitraillage de la façade d'un hôtel, mis en examen pour association de malfaiteurs et complicité, et incarcéré à Paris pour dix-huit mois de détention préventive. C'est de sa cellule qu'il démissionne de toutes ses responsabilités à la Cuncolta, en raison d'un désaccord sur la nouvelle ligne politique, peu de temps avant d'être libéré le 22 septembre 1998.

Depuis, Jean-Michel Rossi a repris ses habitudes en Balagne, dans la maison de famille qu'il occupe avec sa mère. Levé tôt, vers 6 heures du matin, achat rituel de la presse qu'il s'en va lire au *Bar de la Piscine*, le temps d'un café. Et puis les amis à voir, du moins ceux qui restent, le dernier carré des fidèles. Les autres ? D'épuration en épuration, de rupture en rupture, ils se sont éloignés définitivement, quand ils ne sont pas devenus des ennemis. Il y a aussi les livres à lire, des quantités de livres, qu'il achète sans compter. Essais, biographies, chroniques historiques, tout y passe. Sauf peut-être les romans. Et puis ne pas oublier la visite quotidienne au petit enclos installé au fond du jardin, dans le coin le plus ensoleillé, où il élève des dizaines de tortues ramassées dans le sud de l'île. Reste le plus important, la politique, qui fait l'essentiel de ses conversations. Plusieurs fois par jour, le portable sonne, et c'est l'un ou l'autre qui appelle pour donner une information, demander un avis ou une analyse. Jean-Michel Rossi aime sans doute plus qu'il ne le dit ces moments-là, qui le replacent au centre du cercle des idées.

Ainsi va la vie de Jean-Michel Rossi, la peau tannée par le soleil de L'Île-Rousse, son air d'éternel adolescent camouflé par une barbe permanente de quelques jours. Attentif au monde, attentionné avec ses proches, trop intransigeant pour ne pas être coléreux, mais finalement bien seul. Et s'il se refuse à la rancœur, c'est seulement parce que ce n'est pas un sentiment politique.

PREMIÈRE PARTIE

Le FLNC et les nationalistes

1.

Du FLNC uni à la clandestinité éclatée

Le Front. Le mot gronde comme une colère sourde, se prononce à voix basse comme un secret ou s'énonce tout haut comme un défi. Pendant plus de vingt ans, le Front de libération nationale de la Corse est, pour toute une génération de la jeunesse corse, un drapeau, un symbole et un rêve. À mille kilomètres d'Ajaccio et de Bastia, dans la capitale, les quatre lettres FLNC ne sont qu'un sigle associé au bruit des bombes, à l'image d'hommes cagoulés et armés, au slogan « Les Français dehors ». Alors, le Front, qu'est-ce que c'est?

FRANÇOIS SANTONI ET JEAN-MICHEL ROSSI : Le Front n'a pas de réalité. C'est d'abord un sentiment, un état d'esprit, un mythe partagé par la grande majorité de l'opinion corse, même chez ceux qui le critiquent. Le Front est véritablement intégré au peuple. Toute une génération y est passée. Parfois pour une semaine, certains pour six mois, d'autres quatre ou cinq ans. Rares sont ceux qui sont restés au Front plus de dix ans. Beaucoup de ces militants sont devenus ensuite d'importants acteurs de la société civile, des syndicalistes, des patrons, des élus.

Le berceau du Front se trouve dans la diaspora étudiante regroupée au sein de la CSC, la Consulta di i Studenti Corsi, dans les universités de Nice, Aix-Marseille, Montpellier et Paris à la fin des années 70. C'est l'époque d'un certain état d'esprit romantique. En octobre 1981, l'une des revendications des nationalistes est satisfaite par le nouveau pouvoir socialiste : une université est créée à Corte. Force est de constater qu'aucun cadre du Front n'est sorti de cette faculté. À Corte, personne n'a rêvé du grand soir. Ils ont espéré la première année faire une université hors norme. Deux ans plus tard, ils en ont fait une université du type faculté de droit de Nice. L'étudiant de Corte, maintenant, est comme tous les étudiants. Il ne veut pas faire la révolution, il pense à bosser, passer ses examens, obtenir ses diplômes et trouver du boulot, de préférence grâce à ses connaissances, sinon grâce au clan auquel appartient sa famille.

Sur le papier, le Front possède, à sa création, une structure hiérarchique très cloisonnée. Il est dirigé par un Cunsigliu, composé à l'origine de 5 puis de 15 personnes, qui règne sur 6 régions et 25 secteurs (Annexe 1). Le Cunsigliu s'appuie sur quatre commissions : militaire et logistique, financière et économique, politique, propagande.

Les militants se recrutent par cooptation. Les candidats sont contactés par un proche qui apprécie leur discours ou prennent eux-mêmes l'initiative de se recommander auprès d'un ami qu'ils savent capable de faire remonter leur demande. Ils sont ensuite convoqués devant un groupe de responsables locaux, jamais devant la direction. Ils rencontrent d'abord les responsables de cellule, puis les responsables du secteur, qui jaugent leurs motivations. Petit à petit, les nouveaux impétrants sont intégrés dans des groupes opérationnels avec un degré d'action croissant, selon les capacités de chacun. Il n'y a pas de fichier central des militants, même si dans certains groupes les entrants doivent remplir une fiche de renseignement (Annexe 2). Seul le chef de secteur connaît en principe ses effectifs.

Le Front est fort lorsqu'il compte une centaine de militants sur le plan militaire, ce qui était le cas jusqu'aux années 90. Ensuite arrivent les scissions, les effectifs gonflent de part et d'autre, on voit des rassemblements de centaines d'hommes. Ce qui ne veut pas dire que ces militants ne sont pas nationalistes, mais que le recrutement se fait de manière beaucoup moins regardante sur le plan politique.

Ceci est fondamental à nos yeux, car contrairement à ce qui se dit, le Front n'est pas une organisation militaire. Le Front est d'abord et surtout une organisation politique qui utilise la violence armée à des fins de pression sur l'État. Il se veut aussi une structure de regroupement de la société corse dans une Union nationale par-dessus les clans. C'est lui qui a initié toute la démarche publique du mouvement nationaliste, depuis la création des comités nationalistes jusqu'aux partis légaux, en passant par les associations et les syndicats. Sur le terrain, il n'y a eu que des attentats relevant de la propagande armée, et non d'une véritable structure militaire.

La perversion du système FLNC vient de cette contradiction. Faute de mener une guerre qui n'existe pas, le Front se retrouve avec une structure militaire inutilisée, une belle construction hiérarchique qui n'existe que sur le papier. Sur le terrain, le Front est incapable d'imposer un commandement unique et centralisé comme de faire respecter une discipline interne. Cette carence va transformer le Front en une coalition de chefs, de petits seigneurs de la guerre régnant chacun sur son secteur. L'éclatement du FLNC en 1990, lors de sa scission, ne fait qu'exacerber ces dysfonctionnements. Dès 1993, les secteurs font pratiquement ce qu'ils veulent.

Deux régions pèsent depuis toujours d'un poids énorme sur l'organisation : Ajaccio et Bastia sont les deux pôles de décision politico-militaire, dotés d'effectifs importants, de gros moyens et affichant de nombreuses actions à leur palmarès. La région d'Ajaccio compte quatre secteurs : Ajaccio-Ville, Gravone, Prunelli et le secteur volant. Le secteur Gravone, ou secteur G, est le plus important car il regroupe les militants les plus anciens et les plus déterminés. C'est à l'époque l'élite des poseurs de bombes. Le secteur Prunelli n'est pas opérationnel, seul son chef participe à des actions, afin de lui donner une certaine assise au sein de la direction du Front. Les militants de Prunelli, une trentaine environ, ne viennent en général que « pour la photo ». Ils ne font aucune action. Enfin, le secteur volant (V) n'est pas cantonné à son seul territoire géographique. Il est le seul secteur à pouvoir intervenir partout, d'où son nom. La région de Bastia compte les secteurs de Marana, Bastia-Lupino, Cap Corse. C'est Bastia-Lupino qui domine très largement, c'est le secteur dur du Nord. Le cap Corse est inexistant, fait de quelques petits bourgeois qui jouent à la guéguerre en faisant sauter une baraque à frites de temps en temps.

La région Balagne compte beaucoup dans l'organisation, mais elle est marginalisée en raison de ses critiques à l'encontre du fonctionnement des Bastiais.

Corte, c'est la région du désespoir. Il ne s'y passe quasiment rien, sur aucun plan. Les dirigeants du secteur demandent régulièrement des dotations en argent et en armes alors qu'il n'y a jamais d'actions et pratiquement pas d'effectifs. Il suffit pour s'en convaincre de consulter les cartes des attentats dressées par la direction générale de la Sécurité extérieure pour 1996 (Annexe 3). En fait, les fonds versés par l'organisation servent à faire vivre les responsables et leurs petites familles. Car aucun n'a d'emploi et ne se préoccupe d'en trouver, sous prétexte de sécurité. Il serait beaucoup trop dangereux, pour ces militants qui s'estiment très exposés, d'avoir un travail obligeant à des horaires fixes et des trajets quotidiens toujours identiques. C'est la même chose sur le plan politique. Le Front de Corte était mandaté pour investir l'université. Mais faute d'un réel effort militant, il a perdu toute emprise sur la faculté en laissant le champ libre aux autres mouvements qui s'y sont investis. Plus tard, ce secteur pensera se racheter en créant un groupuscule clandestin à l'université, qui s'illustrera en détruisant les véhicules de plusieurs enseignants continentaux avant de sombrer dans un oubli amplement mérité.

Le secteur Cargèse-Sagone fonctionne en circuit fermé depuis très longtemps. Dans ce secteur, les militants ont soutenu tour à tour tous les responsables de l'organisation. Avec Pierre Poggioli, ils ont été poggiolistes. Avec Alain Orsoni, ils ont été orsonistes. Avec François Santoni, ils ont été santonistes. Cette grande capacité d'adaptation leur permet en toutes circonstances de préserver leurs intérêts et de vivre en vase clos.

Nous avions depuis très longtemps des informations inquiétantes sur les activités de la région de Bastia en matière de trafic d'armes. Quelques-uns de ses membres sont également suspectés d'avoir partie liée avec le trafic de drogue pour leur propre compte. Mais dans l'urgence des alliances nécessaires, lors de la rupture de 1990, afin d'assurer la simple survie de notre mouvement face aux visées hégémoniques du MPA-Canal habituel, nous avons été contraints de marcher aux côtés de gens que nous n'aurions sûrement même jamais pris en stop.

L'éclatement est en germe dans la création du FLNC. Il y a dès l'origine des divergences stratégiques, voire d'ordre théorique, qui ne se limitent pas à des querelles de personnes. La stratégie frontiste consiste à regrouper tous les patriotes d'horizons politiques, de milieux sociaux et d'options idéologiques divers sur un programme de salut national. Résultat, la nébuleuse originelle FLNC recouvre trois tendances. La première, marxiste-léniniste dogmatique, ne dure pas plus de 18 mois avant d'être éliminée avec son schéma maoïste de guerre populaire prolongée. La deuxième tendance peut être qualifiée de régionaliste activiste, et considère que les régionalistes classiques, sous la houlette d'Edmond Simeoni, commettent l'erreur de n'utiliser la violence que de façon ponctuelle et spectaculaire, et non comme une stratégie. Enfin, la troisième tendance s'affirme « patriotique et révolutionnaire » et opte pour la stratégie de lutte de libération nationale, qui conjugue le politique, le militaire et bientôt la lutte de masse par l'organisation des travailleurs en syndicats.

De ruptures en scissions et en réunifications, l'arbre généalogique de la clandestinité n'a cessé de se compliquer, pour se résumer aujourd'hui à quatre organisations (Annexe 4). Nous excluons de cette liste le Front armé révolutionnaire corse (FARC), qui se manifeste en décembre 1999 par un communiqué annonçant la reprise de ses actions violentes. Il était apparu pour la première fois à la fin de 1992, en revendiquant plusieurs attentats en Corse, dont le mitraillage d'un car de CRS à Ajaccio. Le Farc avait ensuite mis un terme de lui-même à ses actions en février 1993.

Le Farc version 1999 a finalement été démasqué par la justice en avril 2000. Animé depuis la maison d'arrêt de Borgo par deux braqueurs disposant en cellule de téléphones portables, ce pseudo-groupe couvrait en fait des activités de droit commun. Reste donc en présence Fronte Ribellu, le « Front rebelle », apparu en décembre 1995, sans que nous sachions comment et à qui le rattacher. Puis le FLNC réunifié, né à la fin de 1999, par la réunion du FLNC du 5 mai 1996, lui-même issu du FLNC Canal habituel, et du FLNC Canal historique. Il y a également le Front patriote corse (FPC), apparu le 30 septembre 1999, et qui serait animé par des militants proches du Parti pour l'indépendance, fruit de la scission de A Cuncolta et dirigé par Marcel Lorenzoni. Au reste, le discours du FPC, très hostile à la politique des banques et notamment du Crédit agricole – qui a maille à partir avec certains agriculteurs nationalistes –, peut laisser supposer l'implication de la mouvance agricole de la plaine orientale, liée à des éléments radicaux de la région d'Ajaccio.

Enfin, le dernier-né de ces groupes, Armata Corsa, apparu en juin 1999, affiche des positions défensives essentiellement vis-à-vis du problème de la spéculation foncière et immobilière et des agissements mafieux.

Cette clandestinité garde aujourd'hui une capacité réelle de nuisance. Il y a dans la société corse assez d'armes et assez d'hommes capables de s'en servir pour qu'on puisse penser que, en l'absence d'un règlement politique de fond, on assiste de nouveau à des débordements. Les ferments d'un nouveau drame pourraient se développer à la faveur de la relative désorganisation et de l'atomisation des organisations clandestines.

C'est aussi pour cela que, depuis 1990, nous avons la conviction que la lutte politico-militaire est en fin de cycle, et qu'il faut trouver le moyen d'en sortir par le haut. C'est-à-dire à la fois par un règlement politique et la reconversion de tout le personnel politico-militaire, d'ailleurs bien souvent plus militaire que politique, dans des activités légales. Mais le désarmement sans condition ni préalable est une illusion. Il doit forcément intervenir au terme d'un processus. Le

Front aurait-il désarmé ses troupes à l'époque, et sans condition, qu'il aurait probablement hâté l'apparition de groupes tels que le groupe Erignac ou cette nébuleuse auteur des attentats en plein jour d'Ajaccio. Personne ne peut, du jour au lendemain, décréter le dépôt des armes dans un pays comme la Corse, après autant d'années de turbulence. Il fallait que le Front restât l'unique détenteur de la violence, d'une violence maîtrisée.

2.

FLNC : les scissions de 1989 et 1990

1989 : première scission

En 1989, le Front de libération nationale de la Corse, bras armé du nationalisme créé le 5 mai 1976, connaît sa première division. Cet événement déterminant dans la suite de son histoire est pourtant largement minoré dans les différentes versions de l'histoire officielle du mouvement. Pierre Poggioli, jusqu'alors principal animateur du Front, en donne un bref aperçu dans son livre, Journal de bord d'un nationaliste corse, *paru en 1996 aux éditions de l'Aube. Il y raconte comment il démissionne, le 16 septembre 1989, de la structure politico-militaire, en raison d'un désaccord stratégique sur l'attitude du mouvement nationaliste vis-à-vis des grandes grèves du printemps. En fait, vous avez une tout autre lecture de cet événement qui va se révéler capital pour l'avenir.*

FRANÇOIS SANTONI ET JEAN-MICHEL ROSSI : Pierre Poggioli n'a pas démissionné. Il a été exclu par le FLNC, et certainement pas sur des divergences idéologiques. Son éviction est la suite logique d'un rejet de plus en plus partagé par les militants de base de ses méthodes autoritaires quasi staliniennes.

Depuis des années, Poggioli contrôle le Cunsigliu, l'organe de direction du Front, dans lequel il siège aux côtés de quatre de ses fidèles, dont Jo Sisti, son bras droit, et règne en maître sur le mouvement public et clandestin. Pour asseoir son pouvoir absolu, il a imposé un cloisonnement total entre les différents secteurs militaires, chacun placé sous le contrôle d'un responsable. Il va cultiver à merveille la désunion entre les secteurs, interdisant toute circulation d'information, tout débat au sein même de l'organisation. Ainsi, aux militants du Sud, il dit de se méfier de ceux du Nord, qu'il qualifie d'abominables gauchistes, de brigades rouges. Tandis qu'aux militants du Nord, il désigne ceux du Sud comme l'extrême droite infréquentable.

Cette technique lui permet de diriger le mouvement de manière hégémonique, sans avoir de comptes à rendre. Poggioli, détenteur du « Canal d'authentification » des revendications, revendique essentiellement ce qu'il veut. Ce sera le cas notamment lors de l'attentat contre Valéry Giscard d'Estaing. Le 16 avril 1981, l'avion du président de la République se pose sur l'aéroport d'Ajaccio. Toutefois, en raison d'un changement de dernière minute, le cortège officiel n'emprunte pas l'itinéraire prévu dans l'aérogare, et la bombe qui explose dans la salle par laquelle Giscard devait transiter tue un touriste suisse et blesse huit autres personnes. Cet attentat est perpétré par une petite équipe de militants du secteur Gravone, bien que le FLNC ait décrété une trêve le 1er avril pour ne pas gêner la gauche pendant la campagne pour l'élection présidentielle. Mais le Front refuse de le revendiquer, sous prétexte que le mouvement n'est alors pas assez fort pour l'assumer. Nous apprendrons par hasard, grâce aux listings des passagers, que dans l'aéroport se trouvaient au même moment des membres du SAC identifiés par la suite comme ayant participé au massacre d'Auriol. Pour détourner les soupçons, la version d'une action barbouzarde est alors concoctée, selon laquelle l'attentat est un coup monté par l'Élysée. Il aurait eu pour but d'attirer la sympathie de l'opinion sur le président transformé en victime des terroristes, lui faire gagner quelques points dans l'opinion, et assurer une réélection bien incertaine en mai face au candidat Mitterrand. Mais c'est bien le FLNC qui a essayé de tuer Giscard.

À partir de 1984 se constitue au sein de l'organisation une structure quasiment parallèle, « le groupe des fugitifs », regroupant des nationalistes dont la tête est mise à prix par voie d'affiche (Annexe 5). On y retrouve Charles Pieri, Jean-André Orsoni, Olivier Sauli, Jean-Vitus Albertini, Jean-Baptiste Acquaviva, Jean Casanova. Ces personnes, par leur militantisme et par le fait qu'ils sont en fuite et recherchés, jouissent d'une aura particulière dans le mouvement national. Ils en profitent pour remettre progressivement en question l'autorité de Poggioli, qui comprend vite le danger et tente de les isoler. Il demande ainsi à chacun des militants en fuite de rester dans les limites de son secteur géographique et de n'avoir aucun contact avec les autres secteurs. Ce qu'ils s'empressent de ne pas faire. Regroupés au maquis, ils montent bientôt des opérations ensemble sans l'aval de Poggioli et les revendiquent en utilisant leur propre canal d'authentification, ce canal qui sera appelé plus tard « historique ». Mais la contestation reste contenue, personne dans le mouvement n'ayant encore les moyens d'affronter le chef.

Progressivement, les militants se posent des questions. Ils s'inquiètent par exemple du fait que Poggioli ne soit jamais arrêté. Il n'a même jamais fait de taule. Or il se promenait toujours avec une chemise bleue sous le bras, dans laquelle il y avait toute la documentation du FLNC de l'époque, les archives, le canal de revendication. Il est surprenant que, lors des rares interpellations qui l'ont visé, il n'ait jamais été en possession de cette fameuse chemise bleue.

L'influence du groupe des fugitifs est d'autant plus grande qu'il opère bientôt en étroite collaboration avec le secteur Sagone-Cargèse, dont les piliers sont Joseph Caviglioli et ses deux beaux-frères, Stéphane et Yvan Colonna. Mais c'est finalement l'alliance entre le groupe des fugitifs et le secteur V qui se révèle décisive.

Le secteur V, dirigé par Alain Orsoni, en charge du financement de l'organisation et des intimidations, prend de plus en plus d'importance au sein de l'organisation. Au point de pouvoir enfin envisager la mise à l'écart de Poggioli.

En octobre 1988, les choses se précipitent, alors que nous sommes tous les deux incarcérés à Fleury-Mérogis. *(François Santoni a été condamné en juin 1985 à huit ans de prison pour l'attaque de l'état-major de l'Armée à Ajaccio et pour une opération contre un camp de vacances. Jean-Michel Rossi est en détention depuis avril 1988 à la suite de la découverte de ses empreintes sur un livre trouvé dans une cache d'armes de Bastia.)* Deux avocates nationalistes bastiaises viennent nous voir tous les deux au parloir de la maison d'arrêt de Fleury-Mérogis. Elles sont mandatées par une partie de la direction du FLNC pour obtenir l'aval de militants responsables ou représentatifs sur l'exclusion de Poggioli. En fait, la décision est déjà prise, mais ses artisans veulent s'assurer que certains prisonniers, une fois libérés, ne risqueront pas de basculer du côté de Poggioli. Nous sommes contre l'exclusion, car Poggioli, pendant dix ans, a semé les germes de la division. Sous sa direction, le Front est en fait composé de trois pôles majeurs. D'abord, le groupe de Poggioli, un rassemblement assez informel mais qui compte bon nombre de militants répartis ici et là, et pour qui Poggioli reste la figure emblématique du Front, par son autorité, par son passé de militant. Il y a bien sûr le secteur V, qui a acquis une forte représentativité, notamment parce qu'il est craint. C'est le secteur qui pratique les actions dites « dures », qui fait le « sale boulot » pour le Front. Et enfin le secteur Gravone et ses alliés. Cet assemblage instable se neutralise, Poggioli s'appuyant alternativement sur les uns et sur les autres pour maintenir son autorité. Mais cela évite au mouvement d'imploser.

Et nous sommes persuadés qu'en l'écartant, ces germes de division vont proliférer au risque de détruire le mouvement.

Sentant le danger, Poggioli tente de rompre la trêve des attentats décrétée par le FLNC le 31 mai 1988, alors que les discussions autour du futur statut Joxe se doublent d'une négociation très active pour la libération des prisonniers.

Il vient chercher l'un de nous deux *(François Santoni, libéré le 4 mai 1989)* à l'aéroport d'Ajaccio. La discussion commence tout de suite et se poursuit le lendemain. Pierre Poggioli sait notre opposition à son exclusion du Front. Il explique alors que le mouvement s'est fait rouler dans la farine par le gouvernement socialiste, que les nationalistes n'obtiendront rien et que les négociations risquent de corrompre la lutte. Il faut donc, selon lui, rompre la trêve tout de suite. Ce que nous proposons éventuellement de faire, mais seulement après l'amnistie des prisonniers encore incarcérés, qui devrait intervenir dans les deux ou trois mois qui suivent. En fait, Poggioli semble très pressé de repasser à l'action, car il n'a aucune envie de voir libérer les détenus appartenant au groupe des fugitifs, presque tous emprisonnés à cette époque, ainsi que les trois militants arrêtés dans l'affaire de la prison d'Ajaccio. *(Le 7 juin 1984, trois hommes du FLNC, Pierre Albertini, Bernard Pantalacci et Pantaleone Alessandri, pénètrent dans la prison et abattent deux détenus supposés être complices dans l'enlèvement et la disparition de Guy Orsoni, frère d'Alain. Le commando est condamné à huit ans de prison en juillet 1985.)* Tous ces militants jouissent en effet d'un prestige énorme, Poggioli ne pourra pas les contrer, et il le sait. Nous refusons toute rupture de trêve tant que le dernier emprisonné n'est pas sorti, et la discussion s'arrête là. Son bras droit Jo Sisti reprendra la même argumentation en faveur de la rupture, deux jours plus tard, lors d'une rencontre au local de la maison des Bleuets, dans le quartier des Salines, à Ajaccio. Il s'embarque dans une grande théorie politique, pour expliquer que le militant emprisonné doit assumer ses responsabilités, qu'il sait pourquoi il est en prison, qu'il n'a donc pas à attendre d'amnistie, et qu'il faut rompre la trêve tout de suite. Il se heurte à la même fin de non-recevoir.

Il est évident que cette campagne d'attentats ne s'inscrit pas dans une démarche politique. Aucun objectif n'est défini, pas plus les banques que l'immobilier ou les enseignants. L'essentiel est de mettre des bombes afin de stopper les discussions avec Paris et de bloquer l'amnistie.

La région bastiaise, qui ne s'est pas encore déterminée dans le conflit, essaie de jauger le rapport de forces qui s'instaure avant de choisir le camp du plus fort. Elle suit partiellement la consigne de Poggioli, et pratique huit attentats. Il faudra la visite d'Alain Orsoni en personne pour remettre les pendules à l'heure et convaincre les responsables bastiais de mettre un terme à cette aventure.

En fait, la majorité des militants va se rallier à la proposition d'exclusion. Même ceux qui le soutiennent encore. L'un de nous *(François Santoni)* est mandaté pour entrer en contact avec Poggioli afin de lui transmettre une offre alternative. Le FLNC lui propose de conserver ses responsabilités publiques et clandestines, mais à la condition de n'être plus, au sein du Cunsigliu, que le représentant d'une région. Et Poggioli de répondre : « Pas question, j'ai quinze ans de légitimité, moi seul peux représenter le Front au niveau national. » Là, même pour nous qui l'avons soutenu, il devient indéfendable.

Le sort de Poggioli est scellé en juin 1989, dans un parloir de la prison de la Santé, lorsque le chef du secteur V, Alain Orsoni, vient chercher le soutien de Jean-André Orsoni, la figure emblématique du groupe des fugitifs. Jean-André est alors l'un des plus vieux militants du mouvement, il a une réputation sans tache de combattant, et des raisons personnelles de se rallier à l'exclusion. Depuis des années, Poggioli, qui sent chez lui la capacité de mener les hommes, de diriger, au point de constituer un danger pour son autorité, tente de l'écarter. À un moment donné, beaucoup d'entre nous en étaient même arrivés à se demander si Poggioli n'aurait pas été soulagé de voir Jean-André arrêté plus tôt.

Alain et Jean-André prennent la décision finale. L'exclusion de Poggioli et d'une dizaine de ses amis est notifiée dans une lettre sans appel du FLNC, leur enjoignant de quitter le mouvement clandestin sous peine de mort. Les dés sont jetés. La missive est appuyée par deux visites. La première chez son ami et fidèle bras droit Jo Sisti, à Ghisonaccia, dans son magasin de vidéo. Une dizaine de membres du secteur V débarquent dans la boutique, le font mettre à genoux devant son épouse et l'humilient. La seconde chez Pierre Poggioli, qui voit arriver Jean-Pierre Leca. Mais les choses se passent différemment. Poggioli le reçoit, le colt caché sous un journal ostensiblement posé sur le bras, et oppose une fin de non-recevoir à l'invitation de Leca de rencontrer les responsables du secteur V. Leca se retire sans discuter.

Pour sauver la face, Poggioli fera passer cette exclusion pour une démission, liée à des divergences « idéologiques » au sujet du conflit social de 1989 en Corse. Puis il crée son propre mouvement, l'Accolta naziunale corsa (ANC), bientôt suivie de sa jumelle clandestine Resistenza.

1990 : seconde scission

À cette époque, les négociations sur le futur statut Joxe pour la Corse sont largement entamées. Paris négocie depuis des mois, via les réseaux de la franc-maçonnerie, avec les responsables du secteur V, qui vont procéder à une réorganisation du FLNC. Une nouvelle scission va en découler. Quel est votre rôle à ce moment-là ?

FRANÇOIS SANTONI ET JEAN-MICHEL ROSSI : Quasiment nul. Nous sommes totalement écartés des discussions, tandis que le secteur V prend le contrôle du mouvement. Les trois sièges libérés au Cunsigliu par les évictions de Poggioli et de deux de ses amis sont attribués à trois militants du secteur V. Seuls sont invités aux discussions avec les émissaires de Joxe sur le nouveau statut de la Corse le représentant du secteur Marana, la région au sud de Bastia, et le représentant du secteur de Bastia. Le secteur V essaie de faire avaliser un texte émanant du ministère de l'Intérieur, présenté comme étant la première étape vers l'indépendance au travers du statut Joxe. Mais la base refuse, critiquant le texte jugé ambigu et fort peu explicite.

Nous découvrons même qu'un partage du pouvoir est déjà dans les cartons, en accord avec José Rossi, président du conseil général de Corse-du-Sud à l'époque, au cas où ce dernier obtiendrait un bon résultat aux élections de 1992. Projet qui prévoit de donner à Alain Orsoni le poste de vice-président de l'Assemblée de Corse, et à ses amis divers postes à l'exécutif et dans les offices de l'Assemblée.

Dans le même temps se produit un sérieux accrochage avec le secteur V. Certains de ses militants ont décidé d'enlever un riche entrepreneur, Émile Mocchi, maire de Propriano, sur la côte ouest, afin de lui extorquer une rançon de 20 millions de francs. L'opération est préparée depuis plusieurs mois et relève d'un plan d'envergure. D'autres industriels et hommes d'affaires corses, parmi lesquels Paul Natali, entrepreneur, ou les responsables de l'enseigne de grande distribution Casino en Corse, Charles Capia et Noël Devichi, sont considérés comme des cibles potentielles. Nous ne sommes pas d'accord. Nous ne voulons pas créer de fracture dans la société corse.

En fait, le rapt tourne au fiasco. La victime, malgré son grand âge, réussit à mettre en fuite ses huit agresseurs, après avoir mordu l'un d'eux si sévèrement qu'il devra aller se faire recoudre un doigt. Mais pour avoir la paix, l'homme accepte ensuite de payer une « taxe » de 500 000 francs au FLNC, sous la forme d'une publicité insérée dans le journal du mouvement. Un avocat bien connu du barreau ajaccien se charge de remettre la somme en liquide. Le même avocat restera stupéfait d'entendre quelque temps plus tard un responsable du Front lui dire qu'il a bien reçu les... 300 000 francs de l'entrepreneur. Comprenant qu'il y a une entourloupe, l'avocat exige alors de rencontrer la direction du FLNC, faute de quoi il promet d'organiser une conférence de presse et de tout raconter.

Une réunion d'explication est donc organisée dans un appartement à Ajaccio. Rencontre houleuse, au cours de laquelle l'avocat confirme avoir bien remis 500 000 francs en liquide. Un responsable du secteur V tente alors de justifier le prélèvement de 200 000 francs en expliquant que cette somme est destinée à une entreprise en difficulté. À l'époque, un proche d'Alain Orsoni, Antoine Nivaggioni, a créé une biscuiterie, « Biscutini corsi », avec un certain Andreani qui est son associé, et l'entreprise bat de l'aile. Mais l'explication ne convainc personne et la réunion se termine par le retrait sans gloire des troupes du secteur V prises la main dans le sac. Accusé de détournement de l'argent du Front, contesté dans sa conduite des négociations avec Pierre Joxe, Orsoni se borne, pour toute explication, à rétorquer aux membres du Cunsigliu venus lui demander des comptes : « Ha da corre u sangue » (Le sang va couler). Mais lors de l'assemblée générale d'octobre, qui se tient à Migliacciara, Alain Orsoni est mis en minorité. La réunion est tendue, chacun est armé, et certains lourdement équipés. Dans un moment de tension particulièrement vive, Jean-Pierre Leca, proche d'Alain Orsoni, monte sur la table et menace d'exécuter cinq militants, s'il le faut, pour faire rentrer tout le monde dans le rang. L'un de nous deux *(François Santoni)* ouvre alors sa parka et laisse jaillir le pistolet-mitrailleur Uzi qu'il porte en sautoir. Leca est précipitamment descendu de son perchoir par ses amis qui s'empressent de le faire sortir. Dans la bousculade, Leca perd son arme. Finalement, le groupe d'Alain Orsoni fait scission à son tour et crée, le 17 octobre 1990, le Mouvement pour l'autodétermination (MPA). Apparaît aussi un mouvement clandestin, le FLNC dit Canal habituel, car il a gardé le canal de revendication « habituel » du FLNC, que lui a transmis Pierre Poggioli avant d'être exclu. Du coup, la majorité des militants de l'ancien FLNC décide de reprendre le canal de revendication des fugitifs, et se regroupe sous le sigle du FLNC Canal historique.

3.

Corsica Nazione

Fin 1991, plusieurs mouvements nationalistes légaux décident de se réunir pour aller ensemble aux élections territoriales de mars 1992 sous une seule bannière, Corsica Nazione. On retrouve dans cette coalition l'Union du peuple corse (UPC), A Cuncolta naziunalista (ACN), l'Accolta naziunale corsa (ANC) et I Verdi Corsi. À l'issue des deux tours de scrutin, les 22 et 9 mars, la liste Corsica Nazione obtient 17 % des voix. Comment naît cet assemblage hétéroclite, qui d'ailleurs ne survivra pas longtemps à son succès électoral ?

FRANÇOIS SANTONI : C'est le FLNC Canal historique qui est à l'origine de cette idée, comme de beaucoup d'autres décisions prises par la structure clandestine, mais portées en fait par le mouvement public. Il ne faut pas oublier que, dans l'histoire de la lutte nationaliste, les organisations clandestines apparaissent les premières. De 1976, date de la création du FLNC, jusqu'en 1981, il n'y a pas de mouvement public qui porte le message de la lutte de libération nationale. Pendant près de cinq ans, le FLNC se développe seul et exerce de fait la direction idéologique et politique du mouvement. Ce n'est qu'en 1981 qu'apparaît la première vitrine légale, la CCN, Consulte des comités nationalistes, qui devient, en 1987, la Cuncolta. Certains de ses responsables seront d'ailleurs également des responsables du Front.

En 1991, le Front avance l'idée de la coalition Corsica Nazione, afin de regrouper le plus de forces possible en vue des élections territoriales de mars 1992. Il s'agit de s'opposer à l'éventuelle prise de pouvoir de José Rossi à l'Assemblée de Corse grâce à son alliance avec Alain Orsoni, dirigeant du MPA. La première difficulté, bien sûr, est de trouver une tête de liste assez forte et assez charismatique pour contrer Alain Orsoni. Alain a une bonne image, une forte popularité, un discours qui passe bien. La seule personne capable de lui tenir tête est Edmond Simeoni, le légendaire fondateur du mouvement nationaliste depuis l'occupation de la cave vinicole d'Aléria en 1975. Des contacts sont pris avec Edmond, qui comme d'habitude se fait tirer l'oreille. Il est comme ça, il dit toujours non quand on vient le chercher, prétextant l'âge ou la maladie, avant de préciser que si on ne trouve personne, et sous l'amicale pression de ses amis, il acceptera de se dévouer une fois encore. Alors qu'il a déjà préparé son programme et ses revendications. Nous apprendrons même par la suite qu'il avait contacté Jean Biancucci dès juin 1991.

Après quelques entrevues préparatoires, les choses prennent une bonne tournure du côté d'Edmond. Le Front mandate alors une petite délégation, composée de militants de A Cuncolta (Jean Biancucci, Jean-André Orsoni, François Torre, François Santoni), pour finaliser l'accord. La réunion a lieu à Propriano, dans la maison de Jacques Fieschi, l'un des dirigeants de l'UPC. Fieschi est en fait sous la coupe du FLNC qui l'imposera d'ailleurs sur la liste. Il trahira le Front par la suite, lorsque l'organisation refusera de devenir son instrument de vengeance contre la municipalité de Propriano, avec laquelle il a un contentieux personnel.

Le cadre de la rencontre est superbe. Fieschi habite un vieux moulin restauré, au bord de l'eau, dans un paysage bucolique. Un *spuntinu*, le traditionnel casse-croûte corse, avec charcuterie, fromage et vin frais, nous attend. La discussion s'engage et Edmond confirme qu'il accepte de conduire la liste Corsica Nazione, mais il pose une seule condition : que tout soit fait pour que tous les nationalistes se retrouvent sur cette liste. « Il ne faut rejeter personne », dit-il. En fait, il parle de Pierre Poggioli, dont on connaît déjà l'opposition à la présence de Simeoni en tête de liste.

Suite à cette réunion de Propriano, les autres organisations sont contactées. L'UPC, qui a ses propres contacts avec le Front, est déjà d'accord. La réponse des Verts est acquise. Leurs cadres sont en effet des militants du Front et, pour certains, à des postes de direction. La Cuncolta, très proche du Front, adhère dès l'origine au projet. En fait, c'est la ligne FLNC qui prévaut au sein de Corsica Nazione, exception faite de Poggioli et de l'ANC.

Les discussions s'engagent ensuite sur la composition de la liste. Poggioli cesse de faire la chochotte et accepte d'y entrer, l'UPC lui cédant une place en bonne position. Il crée toutefois un incident en s'opposant à la présence d'un militant du Front en position éligible, au prétexte que ce militant travaille à la Codil, une société italienne qui gère l'île de Cavallo, dans l'extrême Sud. Or cette société traîne la réputation d'être aux mains de la Mafia. Cela pose un gros problème. Une réunion est organisée à la direction du Front. Le militant est convoqué et accepte de quitter son emploi en échange d'un salaire versé par le FLNC Canal historique. Ce qui est fait. Le militant devient ainsi un permanent du Front, payé chaque mois de la main à la main.

La campagne électorale est menée dans toute la Corse, dans tous les villages, avec de gros moyens. Les comptes de campagne officiels donnent un chiffre tout à fait convenable au regard des limites autorisées par la loi, mais bien loin de refléter la réalité. Car le Front apporte un énorme soutien financier, et au total ce sont plus de deux millions de francs qui sont dépensés par les candidats de Corsica Nazione. De grosses sommes d'argent en liquide sont versées aux candidats pour faire campagne dans les bars. Certains, une fois élus, s'empresseront de dénoncer l'argent « sale » de l'impôt révolutionnaire, comme des cadres de l'UPC, oubliant qu'ils en ont bénéficié sans y trouver à redire, et ils susciteront beaucoup de déception chez les militants avertis. Edmond Simeoni devient une sorte de dieu vivant, il bénéficie d'un staff à l'américaine qui veille sur lui. Il a une escorte d'une vingtaine de types, on lui réserve les meilleures chambres dans les meilleurs hôtels, ses notes de restaurant sont payées. À 13 heures tous les jours, ses accompagnateurs l'emmènent faire la sieste, parce qu'il a des problèmes cardiaques et qu'il doit impérativement se reposer. Quand il dort, les militants se relaient devant sa porte pour veiller sur lui. Il est choyé. Quand son convoi d'automobiles remonte en sens interdit le cours Napoléon, en plein centre d'Ajaccio, obligeant tout le monde à s'arrêter, personne ne songe à s'en offusquer. Même pas la maréchaussée.

Le 29 mars 1992, au soir du deuxième tour, les résultats tombent. C'est une victoire. Corsica Nazione obtient neuf sièges, le MPA quatre sièges, les deux listes nationalistes totalisant 25 % des voix. Tout de suite se produit un premier accrochage, lorsque nous apprenons qu'Edmond Simeoni et Jean Biancucci, élu Cuncolta de la liste, sont en contact avec José Rossi. Nous intervenons aussitôt pour déjouer cette manœuvre. La situation est très tendue. C'est alors qu'un proche de José Rossi appelle au téléphone pour nous dire de les laisser discuter, car José Rossi va refuser l'alliance. C'est en effet ce qui se passe. Simeoni et Biancucci nous reprocheront par la suite de ne pas les avoir informés des intentions de José Rossi. Ils auraient ainsi fait l'économie d'une humiliation et d'une trahison infructueuse.

Arrive la première séance à l'Assemblée de Corse, le 2 avril, et une nouvelle trahison dans les rangs de Corsica Nazione. Lors de l'élection des membres du bureau de l'Assemblée, Corsica Nazione perd un siège qui devait arithmétiquement lui revenir. Alertés, nous montons à l'Assemblée et entrons en force dans la salle. Aussitôt, François Alfonsi, qui nous aperçoit, fait signe du doigt pour dire « Ce n'est pas moi ». Mais François Torre possède la clé de l'énigme. Méfiant, il est passé derrière tous les autres élus de Corsica Nazione, au moment du vote, et a récupéré les bulletins qu'ils n'avaient pas utilisés. C'est comme cela que Poggioli est démasqué. Il reconnaît aussitôt s'être trompé de bulletin. Nous calmons l'affaire afin que les choses ne dégénèrent pas dès le premier jour mais tout le monde a parfaitement compris que Poggioli commence déjà à affaiblir Corsica Nazione. Il a beau dire qu'il s'est trompé, Pierre Poggioli ne se trompe pas dans les votes.

La coalition démarre mal, mais nous nous disons que cela marchera quand même sans lui. En fait, nous nous rendons compte qu'il est venu sur la liste pour se faire élire et c'est tout. Il posera d'ailleurs de gros problèmes, avant de partir l'année suivante.

Au sein de l'Assemblée, contrôlée finalement par la droite, Corsica Nazione ne fait pas d'opposition systématique. Les nationalistes ne jouent pas un grand rôle. Ils sont minoritaires, et isolés face au front républicain qui s'est créé en face d'eux. Mais pour nous l'expérience est enrichissante. La coalition prend des positions sur tous les sujets, il y a des débats intéressants, tous les élus y participent et s'expriment.

Puis le climat se dégrade au sein de Corsica Nazione. L'euphorie de la victoire dissipée, l'opportunisme politique reprend ses droits et un désaccord important va provoquer le départ d'Edmond Simeoni. En effet, l'UPC demande à un moment donné d'intégrer la direction du FLNC Canal historique à parts égales. La direction du Front comprend, à l'époque, quinze personnes. L'UPC veut donc y faire entrer quinze de ses militants. Ce qui est refusé. Edmond propose alors d'y être intégré seul, à titre individuel. Ce qui est aussi refusé. En revanche, le Front propose à l'UPC d'être associé dans une cellule consultative, adjointe à la direction. L'UPC répond en faisant une alliance avec une partie des élus Cuncolta dans la coalition, pour demander que la direction du Front passe sous le contrôle des élus. Élu Cuncolta, Jean Biancucci, fort de l'appui de Jean-André Orsoni, qui a encore à l'époque un prestige important dans l'organisation, garantit à Edmond Simeoni que son projet de faire passer progressivement la direction du Front sous la coupe du groupe parlementaire va marcher. Biancucci s'engage auprès de l'UPC et de Simeoni à faire évoluer le Front vers un simple bras armé du groupe parlementaire, mais il n'y parvient pas. Au sein de la Cuncolta, le débat est houleux, et au cours d'une réunion des militants manquent de peu d'en venir aux mains avec Biancucci. Le mouvement lui retire sa voiture de fonction et son chauffeur garde du corps. Mis en minorité dans son propre camp, Biancucci est discrédité à l'Assemblée qu'il finit par quitter sans pour autant démissionner. Son siège reste vide. En revanche, les gens de sa tendance au Cunsigliu du Front sont exclus. Edmond Simeoni se retrouve sans partenaire. Il ne lui reste plus qu'à démissionner de Corsica Nazione, en brandissant bien tardivement l'affaire Sozzi (voir chapitre 12).

Il rend son mandat le 6 mai 1994 sans faire d'esclandre. Dans son communiqué, il déclare avoir « tout tenté, en vain, pour rendre compatibles les démarches de Corsica Nazione et du mouvement clandestin ». On comprend ce qu'il veut dire. L'UPC part à sa suite, après un nouveau désaccord avec la direction du Front. Lors d'une réunion dans une villa du cap Corse, le Front présente le projet de statut de territoire d'outre-mer pour la Corse, le fameux statut TOM. Les élus de l'UPC, François Alfonsi et Max Simeoni, sont d'accord sur le texte mais demandent à en avoir la paternité et à pouvoir le présenter. Le Front estime que c'est à Corsica Nazione de le présenter. Pour l'UPC, c'en est trop. Mais son départ sera habillé de fausses raisons, comme l'affaire Sozzi ou d'autres dérapages, qui n'ont en fait absolument pas pesé dans cette décision.

La coalition est vidée de sa substance, ramenée à la seule Cuncolta, avec son excroissance des Verts, partenaires fidèles faute de pouvoir faire autrement. Il faut dire que le petit parti écologiste a souvent besoin des militants du Front pour remplir ses salles de réunion, et ses dirigeants, partagés entre tendance Voynet et tendance Waechter, savent jouer de la structure clandestine lors de leurs rapports de forces internes.

Corsica Nazione a fait un bon score aux élections de 1999, mais pour nous ce n'est plus le même esprit. Corsica Nazione n'existe plus véritablement. Une majorité de nationalistes lui ont apporté leurs suffrages surtout pour marquer leur désapprobation face à la politique du préfet Bonnet. Cela aurait été n'importe quelle autre formation, ils auraient voté pour elle de la même façon. Quant à la Cuncolta, elle existe par son nom, son sigle et ses locaux de Bastia et d'Ajaccio. Mais en tant que structure, elle n'existe plus.

4.

La guerre de 1995

En 1995, onze militants nationalistes sont assassinés. Six appartiennent au bloc MPA-Canal habituel, cinq au bloc Cuncolta-Canal historique. Entre les deux camps, les communiqués accusateurs se multiplient, chacun désignant l'autre comme le fauteur de troubles. Policiers et magistrats parlent d'une guerre fratricide, se contentant souvent de compter les points. Et dans l'opinion personne ne comprend plus ni les ressorts ni les enjeux de cette hécatombe. Que s'est-il vraiment passé ?

JEAN-MICHEL ROSSI : Il n'y a jamais eu de guerre nationaliste au sens strict. L'année 1995 et son cortège de deuils n'est que la partie émergée de l'iceberg des règlements de comptes de tous ordres qui gangrènent la société corse. Il se trouve qu'effectivement, cette année-là, plusieurs militants sont au nombre des victimes et que l'on en parle, alors qu'il y en a eu auparavant, dont personne n'a le souvenir. Mais tous ne sont pas tombés sous les balles en raison de leur engagement patriotique. Pour y voir un peu plus clair, il est nécessaire de revenir en arrière.

La première manifestation d'une dérive mafieuse au sein du nationalisme et de l'affrontement qu'elle n'a pas tardé à produire est ce qu'on a appelé « la guerre des boîtes » à Calvi. En 1988, deux bandes de truands se disputent le contrôle des établissements de nuit et de l'activité criminelle. L'une de ces bandes est affiliée au FLNC alors uni, et rejoindra après la scission de 1990 le FLNC Canal habituel. En janvier 1988, donc, deux voyous, Francis Campodonico et Gérard Rutili, sont les premières victimes de cette guerre, suivis quelques mois plus tard par l'assassinat, en représailles, de Paul Prudenti, un ancien militant du FLNC. Prudenti avait passé dix ans dans l'organisation avant de s'en retirer en 1984 pour rejoindre une bande de truands. Son assassinat n'est évidemment pas revendiqué, mais la méthode utilisée, près de vingt cartouches de chevrotine tirées par un commando, est destinée à frapper les esprits. Il s'agit manifestement de faire savoir à la population locale que le FLNC est intervenu dans cette affaire et qu'il entend la trancher d'une manière définitive.

En fait, ce sont bien des militants du Front qui ont pris la décision d'exécuter Prudenti. À leur tête, certains membres du groupe des fugitifs qui, dans la région de Balagne, sont manipulés par des mafieux. À titre d'explications posthumes, le FLNC explique de façon interne et plutôt confuse que Prudenti a été supprimé pour avoir assassiné Gérard Rutili, qui serait un proche du FLNC à Calvi, ce qui est totalement faux. Et parce qu'il s'apprêtait à tuer un responsable nationaliste, ce qui l'est tout autant. Le

FLNC justifie ensuite le fait de ne pas revendiquer l'acte par souci de ménager la famille en lui évitant de porter le poids de la supposée traîtrise de l'un des siens. Il s'agit en fait pour le Front de ne pas assumer ses responsabilités.

La guerre ne s'arrête pas là. L'été suivant, c'est au tour de Jean-Pierre Avazeri, trafiquant d'héroïne à Calvi, d'être abattu. Ce crime provoque l'affolement dans les rangs du FLNC du secteur de Balagne, qui craint d'autres représailles. Le responsable local du secteur va alors me demander d'intervenir en faveur d'un règlement de la crise. La réunion a lieu à mon domicile, en septembre 1989, à L'Île-Rousse, en présence des représentants de chaque camp. Côté FLNC, « Balthazar », le responsable du secteur, et côté truands, George Mancini, dit Nani, réfugié depuis en Amérique latine pour échapper à une autre bande marseillaise, et son frère André, tué par la suite dans un obscur règlement de comptes, et dont j'avais fait la connaissance à la prison de Bastia en 1984. La discussion est tendue. Balthazar affirme avoir été manipulé et demande humblement à ses interlocuteurs que les règlements de comptes s'arrêtent, selon le principe « une vie pour une vie ». Pour lui, le chef du commando contre Prudenti ayant été abattu, la tuerie peut cesser.

Balthazar ne donne en revanche aucune explication sur les raisons pour lesquelles Avazeri, trafiquant de drogue qui avait maille à partir avec des voyous bastiais, et avait donc besoin d'une couverture politique, a pu devenir le « militaire » le plus actif du FLNC dans la zone de Calvi. Ni comment le Front a été amené à couvrir des agissements de ce genre. Balthazar implore que soient épargnés deux autres militants dont les voyous veulent la peau : un viticulteur de Calenzana, maître d'œuvre de cette dérive mafieuse et son futur gendre. Les truands sont d'accord et s'engagent à ne plus commettre d'actes hostiles, ce qui les arrange, en fait, puisqu'ils n'ont aucunement l'intention de s'installer dans une guerre longue sur la région de Calvi. L'honneur étant sauf, chacun se retire.

Mais le Front tient à sauver la face vis-à-vis des voyous. Il annonce donc qu'il va prendre des sanctions à l'encontre des militants qui auraient poussé à l'affrontement. Le secteur de Balagne va choisir le maillon faible de l'histoire, Jean-Vitus Albertini, qui conteste l'accord avec les truands. Jean-Vitus fait partie du groupe des fugitifs, mais n'a plus guère de soutien après les arrestations de presque tous ses amis. Le secteur Balagne lui reproche d'avoir donné son aval, et peut-être un peu plus, à l'élimination de Prudenti, avant de se retourner. L'un des membres du groupe des fugitifs, Charles Pieri, avant d'être repris par la police le 25 juin 1988, s'est même prononcé pour son exclusion. Jean-Vitus est exclu. Expulsé de la cave viticole où il était caché à Calenzana, menacé de mort, il se replie dans le Sud où François Santoni l'héberge plus d'un an et impose finalement sa réintégration au sein du Front.

FRANÇOIS SANTONI ET JEAN-MICHEL ROSSI : Après la scission de 1990, le contentieux dans la région de

Calvi va tourner autour du contrôle des profits de l'immobilier. Toute la section Balagne de la Cuncolta et le secteur du Front passe au FLNC Canal habituel avec armes et argent.

L'été 1992, à Calvi, Jean Orsini, ancien de la French Connection tout juste libéré de prison pour une affaire de braquage, est abattu en plein centre-ville d'une décharge de chevrotine. Le FLNC Canal historique, alors en campagne contre la drogue, est aussitôt accusé. Mais certains y voient plutôt une vengeance tardive, à moins qu'il ne s'agisse d'une nouvelle tentative de prise de contrôle de la région. En effet, le frère de Jean Orsini, Roch, a été mêlé à la guerre des boîtes contre Jean-Pierre Avazeri. Un an plus tard, le 21 juillet 1993, Roch Orsini, dont le MPA convoite la discothèque sur la rive sud du golfe d'Ajaccio, fait l'objet d'une tentative d'assassinat sur la route des Sanguinaires. À 60 ans, Roch est encore solide, malgré sa petite taille. Lorsqu'il gare sa Mercedes sur le parking de son établissement, au retour de la plage, il voit deux motos s'approcher. Le passager de la première lui expédie trois balles de calibre 11,43, dont une dans le cou. Roch riposte avec un petit calibre 38 et parvient à atteindre le pilote de la seconde moto qui venait pour l'achever. Le passager chute et reste hébété, l'arme à la main. Une patrouille de police qui arrive n'a plus qu'à le ramasser : il s'agit d'Antoine Nivaggioni, bras droit d'Alain Orsoni, leader du MPA. Cette fois, les choses sont claires, ce qui est devenu le bloc MPA-Canal habituel poursuit son entreprise de conquête des boîtes et bars de nuit, commencée en 1988 à Calvi sous l'égide du FLNC uni. Le sang va encore couler.

Le 18 juillet 1994, deux hommes à moto tirent sur Pierre Poggioli, le leader de l'ANC, et le blessent grièvement de trois balles. Guerre nationaliste ?

FRANÇOIS SANTONI ET JEAN-MICHEL ROSSI : Selon nos informations, Pierre Poggioli est victime, à son insu, d'un contentieux sur une livraison d'armes. L'organisation clandestine Resistenza, proche de l'ANC dirigée par Poggioli, n'aurait pas réglé un petit arriéré sur une facture de 1,2 million de francs, correspondant à une commande faite au début de 1994. Il se trouve que les fournisseurs du matériel sont des proches du secteur bastiais du FLNC Canal historique, peu regardants sur la clientèle dans leur recherche du profit maximum. Les trafiquants auraient décidé d'abattre Poggioli au titre d'une sorte de « pénalité de retard » dans le versement des arriérés. L'arme utilisée, un revolver Smith & Wesson 357 magnum, sera ensuite retrouvée dans une cache à Bastia.

Les hostilités reprennent le 16 février 1995. Jean-Pierre Leca, 47 ans, militant du MPA, est tué dans son bar, en plein centre d'Ajaccio, par un tireur armé d'un fusil à lunette. Militant nationaliste, Leca avait été recruté par le FLNC avant la scission. En fait, la direction du Front, sous la houlette de Pierre Poggioli, l'avait enrôlé pour sa réputation. Le Front avait l'intention d'abattre, en novembre 1988, le préfet Morin et François Giacobbi, le président du conseil général de Haute-Corse. Les deux projets ont été ensuite abandonnés. Tout le monde sait à l'époque que l'activité principale de Jean-Pierre Leca consiste à placer et à exploiter des machines à sous clandestines.

D'ailleurs, dans un premier temps, le Canal habituel reconnaît que Leca a été abattu par des truands. Ensuite vient le tour de Luc Belloni, 39 ans, tué le 23 avril sur le parking d'une boîte de nuit de Porticcio. Belloni, membre du MPA et garde du corps d'Alain Orsoni, a un passé chargé, membre de l'organisation antinationaliste et barbouzarde « Francia » dans les années 80. L'arme du crime, une carabine zastava 300 magnum, est abandonnée sur les lieux. Les choses se compliquent, car si personne ne peut expliquer comment cette arme se retrouve là, on sait en revanche qu'elle provient d'un vol commis au cours d'une action commando du FLNC Canal historique quelques années auparavant en Haute-Corse. Le Canal habituel, qui est en train de s'enliser dans sa guerre contre le milieu, voit immédiatement le profit qu'il peut tirer d'une telle situation et impute le crime au Canal historique. La guerre va alors se déplacer sur le terrain nationaliste, uniquement pour des raisons d'opportunité.

Le 29 mai, un guet-apens est tendu à la sortie d'Ajaccio contre l'un de vous deux, François Santoni. Vous en réchappez, mais votre ami Stéphane Gallo est tué. Comment les choses se sont-elles déroulées ?

FRANÇOIS SANTONI : Je suis averti quinze jours auparavant qu'il va y avoir une tentative d'assassinat sur ma personne ou sur Charles Pieri. Par précaution, je quitte Ajaccio et je m'installe tranquillement « au vert » dans le Sud, pour voir venir. Le 28 mai, je suis à Propriano quand Yvan Colonna m'appelle. Je le connais bien, c'est un militant de longue date du secteur Sagone. Celui qui est devenu depuis l'assassin présumé du préfet Erignac me demande alors de redescendre tout de suite à Ajaccio car Alain Ferrandi a un message important à me transmettre. J'ai entière confiance en eux, je me rends donc au rendez-vous. Ferrandi est un militant du secteur Sagone, et travaille à la concession Hertz de l'aéroport d'Ajaccio. Il sera lui aussi interpellé en 1999 après l'assassinat du préfet. Ferrandi m'explique que je dois être désarmé et désarmer tous mes amis, parce que je vais avoir le lendemain une visite du Raid. Et que si nous sommes contrôlés en possession du moindre calibre, nous irons tous directement au trou pour détention d'armes. En fait, le lendemain matin, ce n'est pas le Raid qui nous tombe dessus, c'est toute l'équipe du Canal habituel.

Ils sont tellement sûrs de me tuer qu'ils viennent manœuvrer devant la villa de mes parents, dans une impasse d'un lotissement d'Ajaccio, le matin même, avec la voiture de l'un des protagonistes à visage découvert. Je me dis, tiens, qu'est-ce qu'il fait, lui, avec la voiture de l'autre ? Mais je n'ai pas pensé que c'était pour moi. D'autant plus que le plan du lotissement est assez compliqué, on s'y perd facilement, et des membres importants du MPA y vivent aussi.

Je pars en moto, derrière Stéphane Gallo qui est venu me chercher. Arrivés à l'embranchement, des types cagoulés sortent des bas-côtés et ouvrent le feu aussitôt. Ils se précipitent sur la route, ils nous courent derrière en tirant, la moto tombe. Il y a des dizaines et des dizaines de coups de feu. La police retrouvera plus de 70 douilles de cinq armes différentes. Il y a donc au moins cinq tireurs, mais j'ai compté une dizaine de personnes. J'ai le temps de voir les agresseurs, celui qui a enlevé sa cagoule, celui qui a pris une balle de son propre camp dans l'épaule. Les balles traversent mon blouson, mais aucune ne me touche, je suis seulement blessé aux mains et aux jambes. J'entraîne Stéphane qui est touché sur dix à quinze mètres, puis je n'arrive plus à le soutenir, il tombe. Il avait 27 ans.

Quand la moto s'est renversée, je me suis traité de tous les noms. Je me suis dit : je vais crever. Ils vont m'allumer, m'insulter, me donner des coups de pied dans la tête, et je ne vais pas pouvoir leur tirer dessus. Voilà ce que j'ai pensé. Je me suis maudit de ne pas avoir d'arme sur moi. En fait, ce qui m'a sauvé, c'est sans doute le manque de détermination de mes agresseurs. S'ils m'avaient couru derrière, ils auraient eu le temps de me couper en morceaux.

J'arrête la première voiture qui passe sur la route, le conducteur fait une crise de nerfs et ne veut pas que je monte. La deuxième, c'est une femme, je la vois se jeter par terre, je ne comprends pas. En fait, un type derrière est en train de me mettre en joue et de tirer au fusil d'assaut. Finalement, c'est un troisième automobiliste qui me prend. Je lui dis que je viens d'avoir un accident de voiture, il fait semblant de me croire et il m'emmène. Je me fais conduire chez Alain Ferrandi, parce que pour aller à l'hôpital il faut repasser devant le groupe des tireurs. Pas question. Quand Ferrandi me voit débarquer, il a une crise de larmes. Est-ce que c'est la crise de larmes du type qui se dit « Ils l'ont loupé », ou bien du type qui se dit « Ils ont essayé de tuer François » ? C'est une affaire que j'ai refusé d'éclaircir ensuite, pour ne pas m'affaiblir. Les gens se seraient posé la question de savoir si le fameux secteur Sagone, les ennemis les plus acharnés d'Alain Orsoni, n'avait pas changé de camp. J'ai évité d'en parler, y compris avec eux. Ça m'arrangeait de croire qu'ils avaient été manipulés.

Le 13 juillet, Jean-Nicolas Bacchelli, 31 ans, est abattu alors qu'il circule en moto avec son beau-frère près d'Ajaccio. Guerre nationaliste ?

FRANÇOIS SANTONI ET JEAN-MICHEL ROSSI : Bachelli est nationaliste mais n'a rien d'un militant du Front. C'est un ami de Stéphane Gallo, mais c'est surtout quelqu'un qui a un contentieux personnel avec des membres du Canal habituel pour des histoires de délinquants. À notre grande surprise, il est inhumé avec les « honneurs militaires » réservés aux militants. Un commando cagoulé tire des salves et un texte est lu devant le cercueil sur le parvis de la cathédrale d'Ajaccio. Nous apprendrons par la suite qu'il s'agit d'une initiative personnelle d'un responsable du FLNC Canal historique. Cette assimilation pousse les militants à demander des comptes et à exiger une riposte. Elle va avoir lieu. Le Canal habituel a réussi son opération, et entraîne le mouvement dans l'affrontement.

La situation, déjà extrêmement tendue, bascule le 26 juillet. Le matin, deux militants du MPA, Antoine Giacomoni, 51 ans, et l'un de ses fils, Frédéric, 21 ans, sont abattus dans un bar d'Ajaccio. En début d'après-midi, Vincent Dolcerocca, 39 ans, secrétaire permanent de la Cuncolta, est tué dans sa voiture près de Bastia. Le lendemain, Lucien Antona, militant MPA, échappe de peu à un tireur embusqué à l'extérieur de son bar. Il n'est que légèrement blessé. Le 30 août, Pierre Albertini, 34 ans, est tué par un commando en pleine rue à Bastia. L'un de ses agresseurs, Jean-Pierre Duriani, 24 ans, militant du FLNC Canal historique, est tué dans la fusillade. Le lendemain, Noël Sargentini, 39 ans, militant de la Cuncolta, est tué à Corte.

En septembre, enfin, le calme semble revenir. Le FLNC Canal historique revendique officiellement les assassinats des deux Giacomoni, de Pierre Albertini et la tentative sur Antona, mais décrète unilatéralement le cessez-le-feu. Cependant, un militant du MPA, Paul Carlotti, est quand même abattu le 28 octobre. Le crime est aussitôt mis sur la liste. À tort. Il s'agit en effet d'une vieille histoire car certains individus profitent du contexte de guerre pour régler de vieux comptes personnels. Le 1er août

1992, Bruno Degiovanni, individu plutôt douteux, promoteur immobilier à ses heures et ami personnel du chef de secteur du FLNC Canal historique de Corte, est abattu dans le couloir de son immeuble après avoir vainement dégainé son arme, un AT84S acheté en 1988 au secteur bastiais, arme qui s'est aussitôt enrayée. En représailles, le camping appartenant à un nommé Jean-André Simonetti est incendié. Un soir de 1994, à la brasserie *Le San Pieru*, alors que le responsable du Front de Corte est attablé en compagnie de son épouse, Simonetti et Carlotti le rouent de coups, l'accusant d'avoir mis le feu au camping. C'est pour cela que Paul Carlotti sera abattu en octobre 1995, sur ordre du secteur de Corte, par des militants venus de l'extérieur à qui on expliquera que Carlotti est compromis dans la mort, en août 1995, d'un militant de la Cuncolta qu'il faut venger. Les Cortenais, eux, comme d'habitude, resteront au balcon.

L'année 1995 terminée, le cessez-le-feu décrété par le FLNC Canal historique n'empêche pas de nouveaux meurtres. Le 16 février, l'un de vos proches, Jules Massa, 40 ans, militant du bloc Cuncolta-FLNC Canal historique, est abattu à 8 heures du matin, devant une école dans le quartier des Salines à Ajaccio. Deux jours plus tard, Charles Andreani, 46 ans, un restaurateur de Porto-Vecchio et militant de l'ANC, est tué par trois hommes devant son établissement. La série noire continue sans que rien ne paraisse l'enrayer. Que faites-vous ?

FRANÇOIS SANTONI : J'ai tout tenté pour arrêter la guerre. Fin janvier ou début février 1996, Gilbert Casanova, président de la chambre de commerce d'Ajaccio et membre du bloc MPA-FLNC Canal habituel, prend contact avec moi par téléphone. Je suis sur le parking du Géant Casino à Porto-Vecchio. Gilbert est en compagnie d'Alain Orsoni, et par son intermédiaire il me propose une rencontre à ma convenance. Je trouve l'offre courageuse et honnête, compte tenu des circonstances, et pour être à la hauteur à mon tour j'estime qu'il me revient de me déplacer sur le terrain de l'adversaire. Rendez-vous est pris et je vais à la chambre de commerce, accompagné de Jean-Michel Emmanuelli.

Dans le courant de 1995, j'avais déjà eu des contacts avec Gilbert, au plus fort des affrontements. Nous avions parlé au téléphone, il était même venu me voir à Propriano pour essayer de trouver des arrangements. À chaque fois, il m'embrassait, la larme à l'œil, en disant : « Ah ! mon ami, tu te rends compte, ce qui arrive. » Gilbert Casanova est l'homme qui, lorsque l'on m'a tiré dessus, est sorti des bureaux de sa concession automobile, qui surplombe la scène, et depuis son parking m'a fait des grands signes en criant : « François, vient te réfugier dans mon garage. » Je me dis que si je vais me cacher chez lui, je n'en ressors jamais plus, je prends un coup de marteau derrière la tête et je finis dans le coffre d'une voiture compressée à la casse. Il a toujours nié avoir participé au moindre attentat ou être mêlé à la mort de quelqu'un.

Gilbert nous reçoit donc dans son bureau, nous explique qu'Alain souhaite de son côté que les choses s'arrangent en douceur et par étapes. Soudain, le téléphone sonne, Casanova décroche et devient livide. Quelqu'un vient de l'avertir de la présence de militants de son clan devant la chambre de commerce, et qu'ils ne semblent pas être venus pour fumer le calumet de la paix. Gilbert Casanova, paniqué et catastrophé, nous fait sortir par l'arrière du bâtiment, et nous partons. Quelques jours après, un abruti plein de came flingue Jules Massa. Les discussions étaient terminées.

Nous savions qu'ils voulaient tuer Jules. Je lui avais dit de partir un peu, de laisser avancer les négociations le temps que nos adversaires arrivent à maîtriser leurs troupes. Rien n'y a fait. Il a voulu rester et se montrer en ville, pour dire qu'il n'avait pas peur et qu'il n'était pas question de déserter la rue. S'il avait accepté de se mettre au calme dans le Sud, chez nous, huit jours plus tard l'affaire aurait été réglée avec Alain. Ceux qui tuent Massa veulent faire avorter la tentative d'arrangement qui est en bonne voie et ils vont y parvenir.

La mort de Charly Andréani n'a rien à voir avec celle de Jules Massa. Il meurt parce qu'un responsable du FLNC Canal historique de Corse-du-Sud règle ses comptes. Ce responsable va manipuler des militants sincères pour les convaincre de tuer Charly, pour venger Massa, et il s'en va se faire un alibi auprès d'une femme du MPA. Après le meurtre, il se précipitera chez les parents de la victime pour dénoncer les exécutants, en disant bien fort qu'il n'y est pour rien. Charly Andréani n'a jamais représenté un danger pour qui que ce soit. C'était un militant de l'ANC, qui n'avait rien à voir dans ces affaires. Il est mort parce qu'un dirigeant du Canal historique a vu son ego mis à mal. Le monde nationaliste clandestin n'est pas un monde d'enfants de chœur.

Les affrontements vont se poursuivre en sourdine, en raison du déploiement de forces de police. Un vendeur de pizzas, Mario Azarra, est abattu sans doute par des militants du Front historique. Le pizzaiolo était suspecté d'avoir servi de guetteur au commando des tueurs de Massa. Mais le meurtre n'est pas revendiqué car il s'agit d'une initiative de quelques personnes, et non d'une décision de l'organisation. C'est la même chose pour la tentative d'assassinat sur un militant de l'ANC, Yves Manunta, mitraillé en pleine rue à Ajaccio le 7 mars 1996. Le garçon, sérieusement blessé, s'en sort de justesse, mais encore une fois ce sont des petits groupes qui agissent pour leur propre compte. Ce sont des initiatives personnelles que je ne désavoue pas mais que le Front n'a pas à assumer. Si les militants ont désobéi à la consigne du Front qui a ordonné le cessez-le-feu, c'est à cause de la mort de Massa, qui a sonné le glas des arrangements.

J'aurai encore Gilbert Casanova au téléphone, à la fin du mois de mars 1996, pour une ultime tentative. Et puis les ponts sont rompus. Le 22 avril, deux militants de la Cuncolta mettent de leur propre chef une voiture piégée devant la chambre de commerce d'Ajaccio. L'un des deux hommes se considérait comme le fils adoptif de Jules Massa et voulait absolument sa vengeance. L'attentat est déjoué par la police. Mais cette drôle de guerre va s'achever d'elle-même le 1er juillet, avec l'explosion d'une voiture piégée sur le port de Bastia, en pleine journée. Le véhicule a été garé devant les locaux de Corse Gardiennage Service, une société de surveillance contrôlée par le bloc Cuncolta-FLNC Canal historique bastiais. La déflagration tue Pierre Lorenzi, 37 ans, membre de l'exécutif de la Cuncolta, et blesse grièvement Charles Pieri, secrétaire national de la Cuncolta pour la Haute-Corse. Après cet acte hors norme, un peu à la libanaise, plus rien ne va se passer. Je crois que les auteurs eux-mêmes ont été dépassés par l'énormité de l'acte, et tout le monde a pris la poudre d'escampette. Le FLNC Canal historique a même renoncé aux représailles, tant la barre était haute. Il lui aurait fallu répondre par l'escalade, mettre des bombes dans des réunions du MPA, tuer des gens par dizaines. C'était entrer dans un engrenage infernal que personne ne pouvait assumer.

Les choses se sont donc arrêtées là. Et personne n'a gagné.

DEUXIÈME PARTIE

Le FLNC et les gouvernements

5.

De Pasqua à Sperone

Les négociations entre les organisations clandestines corses et les différents gouvernements ont toujours été niées, avant d'être parfois reconnues du bout des lèvres. Elles ont pourtant bel et bien existé, et ce depuis longtemps. Au début du premier septennat de François Mitterrand, élu président de la République en mai 1981, c'est la cellule élyséenne qui s'est acquittée de cette tâche. Des trêves auraient même été achetées, notamment avant la visite de Mitterrand en Corse, les 13 et 14 juin 1983. Sans que l'on ait la preuve du versement effectif de la somme d'un million de francs apportée par un émissaire de Paris en échange d'un peu de tranquillité.

Après la première cohabitation entre le président François Mitterrand et le gouvernement de Jacques Chirac (1986-1988), ère essentiellement répressive à l'encontre du mouvement nationaliste, les contacts reprennent. Pierre Poggioli, dans son livre (op. cit.), *évoque des rencontres avec des émissaires du pouvoir socialiste, par l'intermédiaire de la franc-maçonnerie. À partir de 1989, l'un de vous deux* (François Santoni) *a été le témoin de ces contacts privilégiés entre les gou-*

vernements et la mouvance clandestine. Après la scission de 1990 et la création du FLNC Canal historique, vous serez mandaté par cette organisation clandestine pour mener à bien les négociations. Comment les choses se sont-elles déroulées?

FRANÇOIS SANTONI : En 1988, les socialistes négocient avec ceux des dirigeants du Front qui feront scission ensuite pour se regrouper au sein du Canal habituel. Je n'ai, en 1989, qu'une seule et brève rencontre, à Paris, avec Jean-Luc Sennemaud, conseiller spécial au cabinet du ministre de l'Intérieur Pierre Joxe. Je suis accompagné de Jean-Vitus Albertini, un ancien membre du groupe des fugitifs, mais il s'agit seulement de négocier la sortie des derniers prisonniers dans le cadre de l'amnistie du mois d'août.

Ensuite, nous sommes complètement contournés, au profit des militants du secteur V du FLNC. Après la scission, ces derniers prennent la tête du Mouvement pour l'autodétermination (MPA) et poursuivent les discussions dans le cadre de la préparation du nouveau statut de la Corse. Nous ne négocierons rien avec les socialistes. Je pense que le gouvernement croit sincèrement avoir face à lui la majorité du mouvement nationaliste, que ces gens vont réussir à retourner la situation, et ils font tout pour les aider. Ils leur donnent les entrées nécessaires pour pouvoir développer une politique clientéliste vis-à-vis de leurs militants. Pour les asseoir, Paris leur met entre les mains tous les outils dont rêve quelqu'un qui fait de la politique. La facilité pour obtenir des crédits, pour débloquer des situations. En 1990, le statut Joxe est adopté.

Face à cette situation, le FLNC Canal historique décide de nouer à son tour certains contacts, en prévision d'un retour de la droite au pouvoir. Je connais bien le sénateur RPR Maurice Ulrich, à l'époque conseiller de Jacques Chirac à la mairie de Paris *. Je l'ai rencontré à plusieurs reprises à Propriano, où il passe ses vacances depuis des années. Sur la base de cette relation personnelle et privilégiée, je suis mandaté par le Front pour établir un contact. La première entrevue a lieu à la mairie de Paris, au printemps 1992. Nous sommes reçus très courtoisement par Ulrich, dans un petit salon attenant à son bureau. Je suis accompagné de Charles Pieri et Jean Baggioni. La présence de Baggioni est doublement intéressante. Pour nous, c'est un élu, patron de l'exécutif à l'Assemblée de Corse, et cela donne à notre début de démarche une crédibilité et une assise. Lui aussi est intéressé dans cette affaire. En se montrant à nos côtés, il se donne l'image d'un homme d'ouverture, capable de discuter avec les ennemis de toujours que sont les nationalistes, puisqu'il a toujours été antinationaliste. La réunion, au cours de laquelle nous discutons de choses très générales, de façon conviviale, dure deux heures environ. Des deux côtés, chacun se jauge, essayant de savoir ce que pense vraiment l'autre, et jusqu'où il est prêt à aller.

Les contacts sont maintenus, de façon très feutrée et discrète, jusqu'aux législatives de 1993 qui marquent le retour de la droite au gouvernement. Dans cet intervalle, au sein du mouvement public A Cuncolta comme de l'organisation clandestine FLNC

* Et aujourd'hui conseiller du président Chirac à l'Élysée *(N.d.A.)*.

Canal historique, les dirigeants préparent la base à l'idée qu'il va peut-être falloir discuter avec le gouvernement. Ce qui n'est pas évident. Les gens ont encore un très mauvais souvenir de la droite entre 1986 et 1988, quand Pasqua déclarait qu'il fallait « terroriser les terroristes » et que ses services faisaient une guerre sans merci au mouvement. Quand il quitte la place Beauvau, en 1988, plus de soixante militants sont emprisonnés. Tous seront ensuite relâchés dans le cadre de l'amnistie présidentielle de 1989.

Juste après les élections législatives de 1993, comme prévu, Charles Pasqua devient ministre de l'Intérieur. Maurice Ulrich nous fait savoir que désormais l'Intérieur va gérer directement le dossier corse. J'entre alors en contact avec Charles Pasqua par l'intermédiaire de Daniel Leandri, brigadier de police et relation personnelle que l'on m'a présenté un jour en Corse. C'est par lui que nous passerons ensuite pour prendre les rendez-vous.

La première rencontre avec Pasqua se fait dans son bureau de président du conseil général des Hauts-de-Seine. Le ministre est seul. Je suis accompagné de Charles Pieri. Et Pasqua de nous expliquer qu'il n'est plus sur ses positions de 1986. Il nous donne les raisons de son revirement, en nous disant qu'à cette époque nous représentions 5 % de la population, mais que désormais il est obligé de tenir compte du fait que les nationalistes pèsent 25 % des voix aux élections. À partir de là, nous sommes une composante essentielle de l'échiquier et il faut discuter avec nous. Avant d'ajouter en toute franchise que si demain nous retombions à deux ou trois pour cent, il faudrait selon lui en revenir à la politique du bâton. D'ailleurs, il maintient sa position de toujours, à savoir qu'il est anti-indépendantiste et qu'il n'est pas favorable à une évolution institutionnelle dans l'immédiat. Il n'en voit pas la nécessité. Il préférerait pousser au maximum le statut Joxe, le peaufiner, mais si c'est la volonté générale il ne s'opposera pas à des avancées statutaires. Aucun engagement n'est pris, et nous nous séparons après être convenus de nous revoir le plus souvent possible.

Il y aura ensuite de nombreuses autres rencontres, essentiellement dans son bureau du ministère. Le mode opératoire est très simple. Je donne un coup de fil à Leandri, parfois la veille pour le lendemain. À l'heure dite, je me présente à la porte principale du ministère, je m'annonce comme n'importe quel visiteur, et après avoir déposé ma carte d'identité au poste de garde je suis conduit chez Pasqua. Pas de porte dérobée, pas de voitures avec gyrophare, pas de policiers pour m'attendre à Orly, tout se faisait de façon très ordinaire.

Très vite, Pasqua me présente le préfet Pierre-Étienne Bisch, chargé de gérer les affaires corses sur le terrain. Un homme sympathique, qui n'a de contacts officiels qu'avec les élus, et pas avec le Front. Il ne s'occupe que des affaires économiques, et veille au partage équitable des discussions entre les diverses tendances nationalistes. Il participe à la mise en place de Gilbert Casanova, important concessionnaire automobile d'Ajaccio également membre du MPA, à la tête de la chambre de commerce et d'industrie de la ville en 1994. On nous explique à l'époque que Paris a décidé de confier le pouvoir économique à cette mouvance, et de poursuivre les discussions politiques et institutionnelles avec nous. Sur ordre, un haut responsable de l'État en Corse ira prendre 700 procurations au centre de tri postal d'Ajaccio, afin d'assurer l'élection de Casanova.

Je ne rencontre Charles Pasqua en Corse qu'une seule fois, par hasard. C'est le jour des cérémonies commémoratives de la libération de la Corse, en septembre 1993, près du village de Levie. Je remonte du baptême de mon filleul à Sartène quand la voiture se trouve bloquée par la manifestation. Nous patientons, comme tout le monde, en allant voir ce qui se passe. Comme je reviens du baptême, je suis en costume-cravate. Mon arrivée provoque un certain émoi chez les forces de l'ordre et chez les journalistes. À un moment donné, Daniel Leandri m'aperçoit dans la foule, il tape sur l'épaule de Charles Pasqua et me désigne du doigt. Le ministre prend tout le monde de court, y compris son service d'ordre. Il vient me serrer la main en me demandant, en corse : « Comment allez-vous ? » Nous discutons deux minutes. Malin, il saisit ce jour-là l'occasion de montrer qu'il discute avec les nationalistes comme avec n'importe qui. Ce qui signifie que, désormais, nos discussions sont officielles et que je ne pourrai pas jouer sur les deux tableaux, le négociateur à Paris et l'intransigeant en Corse.

Les discussions vont s'étaler sur 1993-94. À chaque rencontre, Pasqua a le même ton paternaliste, sympathique, avec toujours quelques mots en langue corse au milieu de la conversation, pour créer une sorte de complicité entre compatriotes.

Je monte plusieurs fois seul, parfois accompagné de Charles Pieri ou de Jean-Martin Verdi, autre responsable bastiais. Marie-Hélène Mattei, avocate du mouvement et ma compagne d'alors, participe également à quelques entrevues, mais sans jamais prendre part aux discussions.

Du côté des militants, il y a un bon état d'esprit. Ils y croient et se disent que quelque chose de sérieux est entamé, puisque personne ne promet la lune. La Cuncolta se structure véritablement en parti politique, de manière à pouvoir absorber le FLNC Canal historique.

Tout ce schéma se met lentement en place. Mais un événement va venir perturber le cours des choses.

Le 28 mars 1994, un commando d'une quarantaine de militants est pris en flagrant délit par le Raid, alors qu'il s'apprête à plastiquer des installations sur le domaine de Jacques Dewez à Sperone, près de Bonifacio.

Après une fusillade, quatre membres du commando sont pris, une dizaine d'autres, qui ont pris la fuite en voiture, sont stoppés un peu plus tard par un barrage de gendarmes. Deux autres nationalistes, arrêtés peu après, sont relâchés sans même être présentés à un juge. Sur place, on retrouve 60 bouteilles de gaz destinées à faire sauter les constructions et un grand nombre d'armes. Comment cet épisode peut-il survenir, alors que le FLNC Canal historique est en pleine négociation ?

FRANÇOIS SANTONI : Les discussions en cours avec le ministère de l'Intérieur ne suspendent pas les actions du Front contre la spéculation immobilière. Il est vrai que l'ambiance générale et les contacts en cours persuadent certains militants que l'État est prêt à fermer les yeux sur les actions clandestines. Ce sentiment d'impunité est tel que l'attaque sur Sperone est organisée en dépit du bon sens. La moitié de la Corse est au courant de la préparation de l'opération et plus de 40 personnes y participent. Résultat, 14 militants du FLNC Canal historique sont interpellés.

Ce soir-là, je dors à Ajaccio. Lorsque le commando est arrêté, le préfet de police panique et m'appelle au téléphone. Je fonce au commissariat. Entre-temps, le préfet a appelé le parquet pour obtenir l'autorisation de me laisser entrer dans les locaux de la police. Je rentre au commissariat accompagné par Illy, le chef de cabinet du préfet. Tout le monde semble un peu dépassé par les événements, et on me laisse voir cinq des militants interpellés, les cinq premiers à avoir été identifiés. J'ai sur moi le montant de la mensualité du crédit de ma maison, soit 5 000 francs, que je devais déposer à la banque. Je leur donne 1 000 francs à chacun, sous l'œil vigilant de la commissaire Mireille Balestrazzi, chef du service régional de police judiciaire d'Ajaccio, qui note la remise d'argent. Un inspecteur chevronné, en me voyant, tourne les talons en disant tout haut : « Bon, il y a Santoni dans les couloirs. L'enquête est terminée. » Je monte et je descends comme je veux dans les bureaux, je passe un long moment avec l'un des interpellés, Bati Istria, en compagnie du commissaire Ange Mancini, directeur adjoint de la PJ. On discute, on boit le café. Puis les familles des personnes arrêtées viennent à leur tour, il y a un monde fou qui va et qui vient, parents, faux cousins, amis. Voilà comment se passe la garde à vue de Sperone.

Dès le lendemain, un dévoué « chargé de mission » arrive en Corse et vient me voir directement, sans passer par la préfecture. Il me donne un message à transmettre au FLNC Canal historique, disant en substance que ce qui vient d'arriver est un abominable cafouillage, que cela n'a pas été voulu, qu'il s'agit d'un « dérapage » imprévu, et transmet l'engagement du gouvernement de libérer tout le monde dans le cours de l'année. Charles Pasqua lui-même évoque l'affaire avec moi, lorsque je le rencontre peu après.

Pour négocier les libérations, je rencontre à deux reprises un magistrat et Roger Marion, patron de l'antiterrorisme, dans le bureau de Daniel Leandri au ministère de l'Intérieur. Lors d'une discussion sur des arrangements judiciaires passés avec des militants du bloc opposé MPA-Canal habituel, le magistrat interpelle le représentant du ministre. Il s'étonne que l'on puisse négocier avec tout le monde à la fois, et demande quelle branche nationaliste doit être officieusement soutenue. « Mais nos amis, ce sont eux », répond Leandri en me désignant. Il procédera ensuite aux libérations prévues avec l'assentiment du parquet. La chancellerie est en effet partie prenante dans ces négociations, par l'intermédiaire de l'un des conseillers du garde des Sceaux chargé spécialement de la liaison avec la section antiterroriste.

Dans la foulée, nous obtenons également un traitement particulier pour un autre dossier, celui de Baptiste Istria. Il fait partie de ceux qui se sont fait arrêter à Sperone, mais il est recherché depuis cinq ans, à cette époque, pour un meurtre de droit commun. Le 25 décembre 1988, une querelle d'après-boire avait mal tourné dans un bar et Istria avait tué un homme avant de prendre le maquis. Comme Bati était un militant, le Front a expliqué à sa base que celui-ci avait abattu un type qui insultait les prisonniers et il l'a soutenu pendant ses cinq années de cavale. On a donc négocié un arrangement spécifique pour son cas, afin qu'il comparaisse aux assises rapidement et en Corse, et non sur le continent comme les magistrats l'avaient demandé. Nous avons été entièrement exaucés, grâce à l'intervention d'un bouillant fonctionnaire de police auprès d'un de ses amis au tribunal de grande instance de Bastia. Cette affaire a été bien négociée, de nombreuses interventions ont eu lieu, même José Rossi a été « sensibilisé » par nos soins. Istria a été condamné à cinq ans de prison.

Après Sperone, la guerre des polices fait rage entre le SRPJ ajaccien et le ministère de l'Intérieur. C'est ce qu'un fonctionnaire de police parisien, qui a demandé une entrevue avec des responsables du Front, vient expliquer. Devant les représentants de la clandestinité, ce gradé raconte comment une clique parisienne compte se débarrasser du patron du SRPJ d'Ajaccio, Mireille Balestrazzi, et d'Ange Mancini, directeur adjoint de la police judiciaire. La manœuvre consiste, selon ce fonctionnaire, à leur faire porter le chapeau des « dérapages » au niveau de l'enquête et des visites au commissariat le soir des arrestations du commando. Le policier visiteur, une fois ces explications fournies, demande au Front... d'observer une neutralité bienveillante dans le conflit.

Ce n'est pas la première fois que des policiers démarchent des responsables du Front. Certains sont même contactés, dans cette période d'intense négociation, par des officiers de police qui souhaitent obtenir un petit coup de pouce pour leur carrière ou une récompense, ordre du Mérite ou Légion d'honneur.

L'affaire de Sperone gêne quand même l'Intérieur, qui va se donner du mal pour faire libérer les membres du commando. Par la suite, le ministère va exploiter la situation, en utilisant les libérations successives comme autant de concessions, alors qu'en fait Paris n'avance pas d'un iota sur le fond du dossier. Cela fait gagner une année au gouvernement, une année de perdue pour le mouvement nationaliste.

Le mouvement va effectivement s'enliser dans les négociations de demandes de remise en liberté. Des réunions internes sont entièrement consacrées à des débats sur les raisons de la libération de l'un ou de l'autre, et pourquoi celui-ci avant celui-là. Cela tourne au vaudeville. Le Front décide donc de relancer la discussion au niveau politique. Paris demande alors ce que le Front compte mettre dans la balance pour prouver sa bonne volonté dans une démarche de paix. En fait, Pasqua sait que la présidentielle approche, et il ne veut pas d'attentats durant cette période sur le continent. En échange d'une trêve partielle, Paris pourrait ouvrir de réelles négociations.

Le problème qui se pose alors est de savoir qui fera le premier pas. Certains militants s'inquiètent de savoir si, une fois la trêve décrétée, le gouvernement tiendra ses engagements. Les choses traînent un peu. En septembre, je suis à Paris. Je dîne avec Charles Pasqua, et nous discutons d'une trêve des attentats sur Paris. Quelques heures plus tard, alors que je suis encore dans la capitale, une bombe explose au rectorat de Paris, rue Curial. Le FLNC Canal historique revendique l'attentat (Annexe 6). Je prends très mal les choses et je demande aussitôt par téléphone un rectificatif.

La bombe provoque un grand remue-ménage au ministère. Lorsque j'y retourne, l'après-midi du lendemain, les gens sont plus navrés qu'autre chose et se demandent comment faire pour sortir de cette affaire dans laquelle tout le monde perd sa crédibilité.

Le communiqué rectificatif du FLNC (Annexe 7), qui nie la paternité de l'attentat et l'attribue à une erreur d'un militant, suffira à calmer le jeu. Par la suite, j'apprendrai de la bouche d'un responsable bastiais que l'attentat avait été commandité par la direction bastiaise du Canal historique et confié au groupe de Jean Castela *. Cette même direction s'était rendue à l'aéroport de Bastia pour récupérer les poseurs de la bombe à leur descente d'avion, afin de leur expliquer que s'il y avait eu un démenti, c'était uniquement en raison de la pression que j'avais exercée

* Actuellement incarcéré dans le cadre de l'enquête sur l'assassinat du préfet Erignac *(N.d.A.)*.

sur le mouvement, parce que je m'étais trouvé en porte à faux, mais que leur démarche était la bonne. Déjà apparaît la réticence de ces responsables d'aller vers des négociations auxquelles ils s'opposent non par idéologie, mais uniquement parce qu'une période de paix implique le désarmement et la dissolution des organisations clandestines. Or cela les mène à une disparition personnelle, parce qu'ils n'existent qu'au travers des bandes armées. Ceux qui n'arrivent pas à s'affirmer intellectuellement et socialement s'affirment à travers une image de violence.

Ces péripéties ne font que retarder les échéances, sans les modifier. Après un long débat, la décision est prise de faire une proposition à l'État. Le 14 novembre 1994, je remets à Charles Pasqua une lettre du FLNC annonçant une trêve partielle des attentats sur le territoire métropolitain (Annexe 8). La réponse arrive quelques jours plus tard dans la presse corse, avec la « Lettre à mes compatriotes » de Charles Pasqua, qui est en fait une lettre aux nationalistes, tout le monde l'a parfaitement compris. Toutefois, fin 1994, l'approche de l'élection présidentielle va accaparer Pasqua et ses conseillers. On nous fait un peu lanterner. À un moment donné, les sondages laissent penser que Balladur va être élu président de la République. Pasqua, persuadé qu'il sera Premier ministre, nous dit alors que, dès les élections passées, les choses avanceront vraiment très vite. Le statut TOM pour la Corse, que le Canal historique propose depuis 1993, se rapproche.

Je rencontre Charles Pasqua pour la dernière fois entre les deux tours de l'élection présidentielle de

1995. C'est d'ailleurs la seule fois où le ministre prend l'initiative d'un rendez-vous. À la demande de Leandri, je me rends donc à Paris, au ministère. Pasqua sait que dans quelques jours il ne sera plus ministre.

Nous sommes là, installés dans son bureau qui donne sur le jardin. Il fait beau, il me propose de prendre le café sur la pelouse. Madame le procureur Annie Grenier, conseiller pour les affaires de justice au ministère de l'Intérieur, apporte les tasses et fait le service, sans se douter que, quelques mois plus tard, elle va requérir contre moi devant la chambre d'accusation. Pasqua, avec son physique de nounours, me montre la crèche du ministère, au fond du parc. « Vous allez voir, me dit-il, quand les enfants me voient, ils se précipitent. » À peine a-t-il fini sa phrase que les gosses l'aperçoivent et arrivent tous en courant. Pasqua se lève en prenant les tasses et me dit : « Venez venez, on sort de là en vitesse, ils arrivent, et après ils vous attrapent, ils vous bavent dessus. » Nous nous enfermons dans son bureau et la conversation reprend son cours. En fait, Charles Pasqua m'explique qu'il va partir, que c'est fini mais qu'il sera toujours là pour nous aider à résoudre ce problème, que l'on peut compter sur lui car il estime que les nationalistes ont été les seuls à avoir une attitude honorable face à lui. Ce soir-là, il y en a eu pour tout le monde, pour toute la classe politique corse qu'il a étrillée. Ensuite, il m'a raconté l'histoire de son petit cahier, dans lequel il marquait d'un côté les gens qui lui avaient fait du bien et de l'autre ceux qui lui avaient fait du mal. Et que, de temps en temps, il s'occupait d'une page ou de l'autre...

6.

De Jean-Louis Debré à Tralonca

Mai 1995. Jacques Chirac remporte l'élection présidentielle, une nouvelle équipe gouvernementale se met en place. Alain Juppé est nommé Premier ministre, et Jean-Louis Debré succède à Charles Pasqua au ministère de l'Intérieur. En Corse, la tension est vive entre les divers courants nationalistes, et plusieurs assassinats ou tentatives d'assassinat ont déjà été commis. Fin mai, François Santoni échappe de peu aux balles d'un commando cagoulé. Les négociations avec Paris, suspendues avant les élections, ne sont donc à l'ordre du jour ni d'un côté ni de l'autre, chaque partie ayant d'autres urgences à régler. Et puis le contact va être renoué. Comment ?

FRANÇOIS SANTONI : Je me rends à Paris en juin et passe au ministère de l'Intérieur, où je retrouve Daniel Leandri, écarté à l'arrivée du nouveau ministre puis rappelé, le temps pour certains de s'apercevoir, place Beauvau, que lui seul a les contacts avec la Corse et qu'il est le passage obligé de toute négociation. En revanche, Pierre-Étienne Bisch a disparu de la circulation.

Je retrouve également le bouillant commissaire. Tous deux me confirment que les accords passés tiennent toujours pour la libération de Baptiste Canonici, dit « Batti », le dernier emprisonné de l'affaire de Sperone. Une qualité qu'il revendique encore aujourd'hui comme un ancien combattant exotique, et dont il fera parfois usage pour s'attirer quelques bonnes grâces féminines. Leandri m'assure également que la politique du ministre ne va pas changer, que Debré est parfaitement en accord avec la ligne de Pasqua et qu'il va poursuivre dans cette voie. En fait, je ne rencontrerai jamais directement Jean-Louis Debré, avec qui nous ne communiquerons que par personnes interposées.

Le lendemain, je suis entendu par la juge d'instruction Laurence Le Vert, qui me pose quelques questions sur la manière dont j'ai pu pénétrer dans le commissariat d'Ajaccio, le soir des interpellations à Sperone. Elle n'ignore rien des circonstances dans lesquelles j'ai rencontré les personnes arrêtées, avec la bénédiction du préfet et du parquet d'Ajaccio.

Je rentre en Corse, où la situation reste tendue. Il y a encore des morts dans les divers camps nationalistes. Nous sommes loin de la logique des rencontres ou des discussions. Paris regarde d'ailleurs avec effarement la situation corse, n'ayant jamais imaginé que cela allait déraper à ce point.

Dans le courant de l'été, le Front est contacté par le numéro deux de la direction centrale des Renseignements généraux, Bernard Squarcini. Gérard Zerbi, policier corse et patron du service départemental de police judiciaire des Hauts-de-Seine, passe par l'un de ses amis du sud de l'île pour me demander de participer à une réunion. La rencontre a lieu à Zonza, le village de Gérard Zerbi, dans la maison de l'un de ses amis. L'incontournable Batti Canonici, libéré depuis peu, me conduit en voiture jusqu'à Zonza, mais il est laissé à l'écart de la discussion, consigné dans le véhicule. On déjeune copieusement, on vide quelques bouteilles en parlant un peu de tout, chacun y va de son histoire d'anciens combattants. Zerbi et Squarcini ont travaillé en Corse et Zerbi m'avait arrêté en 1985. On parle des attentats de l'époque, pour en venir à la situation présente. Squarcini pose alors une question directe, celle pour laquelle il est venu. Il demande si le FLNC Canal historique va rester dans la logique d'affrontement au détriment de toute action politique ou s'il compte sortir de la crise et avancer comme cela avait été fait avec Pasqua. Là, je peux lui confirmer l'intention du Canal historique de reprendre la discussion. Le Front fait également comprendre que, compte tenu des attentats islamistes qui frappent Paris, il ne compliquera pas la tâche du gouvernement pendant cette période. La réunion est terminée.

Fin septembre 1995, notre chargé de mission vient à Propriano me dire que le gouvernement veut une trêve, un geste fort, pour qu'il puisse faire une proposition assez rapidement, et qu'il ne faut plus perdre de temps, compte tenu de la crise que vient de vivre le monde nationaliste. Le FLNC Canal historique envoie un émissaire à Paris pour donner son accord sur la réouverture des discussions. En novembre, toujours à Propriano, lors d'un nouveau contact, le Front précise ses intentions : la trêve sera effective le jour où le gouvernement répondra clairement sur une liste de propositions, qui ne seront pas exorbitantes. Et pour montrer qu'il ne s'agit pas d'une menace en l'air, le Canal historique lance la plus grosse campagne d'attentats jamais menée en Corse. Chaque nuit ou presque, un ou plusieurs bâtiments dégringolent : l'Urssaf, le conseil général de Corse-du-Sud, les inspections académiques, les hôtels des impôts, les directions départementales de l'Équipement. Paris s'inquiète et demande de calmer le jeu. De son côté, le Front repose toujours les mêmes questions : « Quelle réponse donnerez-vous, quand et par quel biais ? »

Début décembre, Matignon demande à rencontrer les émissaires du FLNC Canal historique. Je retourne à Paris avec deux autres militants. Nous avons rendez-vous à l'hôtel *Bristol*, tout près du ministère de l'Intérieur. Là, dans un salon, nous nous retrouvons autour d'une table avec Maurice Gourdault-Montagne, le directeur de cabinet de Juppé. Sont présents également Patrick Stéfanini, secrétaire général adjoint du RPR, Jean-Claude Antonetti, magistrat, et Jean-Michel Roulet, préfet, ancien officier de CRS, tous trois conseillers techniques au cabinet du Premier ministre. Nos interlocuteurs veulent connaître les intentions du Front. Nous avons l'impression qu'il s'agit d'une démarche parallèle à celle du ministère de l'Intérieur et, immédiatement, nous ressentons l'hostilité de l'impavide Patrick Stéfanini.

L'Intérieur annonce enfin le principe de la venue de Debré dans l'île, initialement prévue début janvier. Mais le ministre a peur que les engagements ne soient pas tenus et repousse sans cesse son voyage. Il envoie plusieurs fois des gens au contact, d'autres viennent le voir. Il répète toujours la même chose : « Vous vous rendez compte, si je viens annoncer quelque chose et qu'il n'y a pas de trêve, ou que l'on me met des bombes. » Le FLNC Canal historique, lui, poursuit ses attentats. Un accord est trouvé entre Noël et le Jour de l'An. Il est convenu, au cours d'une conversation téléphonique avec Daniel Leandri, que le FLNC Canal historique va décréter une trêve de trois mois et remettre des propositions. Leandri confirme de son côté la venue du ministre « au plus tard à la mi-janvier ». À cette occasion, celui-ci répondra aux propositions du Canal historique. Le dialogue pourra alors s'engager selon le calendrier arrêté précédemment avec Paris, à savoir des reconductions de la trêve, d'abord de trois mois, puis de six mois, avec à chaque fois des accords sur les différents volets de revendication, pour aboutir, au terme d'une année, à la dissolution du FLNC Canal historique et à l'ouverture de discussions sur les réformes institutionnelles. D'autres arrangements ont également été préparés, dont une amnistie pour les prisonniers politiques. Il n'est en effet pas question pour le Front d'aller jusqu'à déposer les armes en laissant sur le bord de la route des militants qui se sont battus pendant des années, au risque de les transformer en soldats perdus. Un projet de réinsertion sociale est envisagé, malgré l'opposition des purs et durs du mouvement. Ce projet prévoit la création de 100 à 150 emplois réservés. L'Intérieur donnera son feu vert en précisant même que « la République est assez forte pour créer 150 emplois ».

Le ministère souhaite que la déclaration de trêve soit faite sous la forme d'une conférence de presse. Le Front se serait contenté d'un communiqué, mais Debré demande au contraire avec une insistance obsessionnelle un rassemblement significatif, le plus représentatif possible, et pas vingt types dans un coin. Il faut que l'on puisse dire que la quasi-totalité des clandestins de Corse se prononce en faveur de la discussion.

Le texte des revendications minimalistes du Front est prêt. Le 2 janvier, je retrouve notre chargé de mission dans un village corse et je lui remets le document en trois exemplaires, un pour Matignon, un pour l'Intérieur et un pour l'Élysée. Un militant en profite pour lui montrer sa mitraillette Thomson. Je vois l'émissaire parisien faire des efforts désespérés pour ne pas y toucher. Il n'arrête pas de dire « Elle est belle, elle est belle », mais il ne veut surtout pas l'effleurer. De peur de laisser ses empreintes sur une arme qui aurait ensuite pu être « oubliée » quelque part. L'homme est assez initié aux coups tordus pour connaître ce genre de musique. Finalement la tentation est la plus forte, et il prend la Thomson à pleines mains pour mieux l'admirer. Satisfait, il repart pour Paris avec le courrier du Front.

Pour le mouvement clandestin, il s'agit alors de préparer la conférence. Un grand débat agite les rangs pour savoir qui, du Nord ou du Sud, va en être l'organisateur. Un véritable rapport de forces s'instaure pour tenter de récupérer la manifestation et en retirer le bénéfice politique pour son propre camp. Finalement, pour mettre tout le monde d'accord, la direction choisit de ne pas trancher, mais d'éviter les frictions Nord-Sud en optant pour le village de Tralonca, dans le centre de la Corse. Il n'y a aucune autre signification au choix du lieu : Tralonca, c'est une roue de secours que l'on justifie ensuite en expliquant que c'est le village d'un militant du Front assassiné quelques mois auparavant.

Tous les secteurs du Front sont activés. Les effectifs comptent alors plusieurs centaines de personnes. Il s'agit en fait de militants parfaitement inutiles sur le plan militaire, faute de lutte permettant d'impliquer autant d'individus. Et, il faut bien le dire, pour la majorité, faute de disponibilités et de capacités militaires. Ils ne sont absolument pas structurés en unités combattantes. La plupart sont d'ailleurs beaucoup plus utiles dans leur action quotidienne au sein des structures publiques, du type syndical ou politique. Leur rôle est même peut-être plus important que celui du militant actif, qui en dehors de l'action purement militaire se repose sur ses lauriers. Mais il est difficile de le leur faire comprendre, et tout le monde veut son uniforme, son calibre, sa cagoule. En fait, le noyau actif, celui qui a mené à bien la campagne d'attentats de décembre, ne compte qu'une vingtaine de personnes.

POST-SCRIPTUM

Le 19 octobre 1999, Daniel Leandri est auditionné par la commission d'enquête parlementaire sur le fonctionnement des forces de sécurité en Corse. Interrogé sur les relations entre l'État et François Santoni, Daniel Leandri répond : « [...] je recevais, de manière tout à fait informelle et à titre personnel, des personnes de toutes tendances : des personnes du MPA, de l'ANC, de la Cuncolta. Je ne voyais pas simplement M. Santoni, je recevais également MM. Casanova, Orsoni, Serra, etc. Puis j'en parlais à M. Bisch, mais cela s'arrêtait là. De quoi parlions-nous ? Toujours de la même chose : de la langue corse, de la culture, de l'université de Corte. Il ne s'agissait absolument pas de négociations et je mets quiconque au défi de citer un seul exemple de négociation en tout cas avec moi. Il s'agissait de simples discussions. [...] »

À la question « Étiez-vous très ami avec M. Santoni ? », Daniel Leandri réplique : « [...] Je l'ai vu pour la première fois en 1993. Je ne l'ai plus revu depuis. »

Sur l'affaire de l'arrestation du commando de Sperone, le président de la commission demande : « Personne ne vous a demandé d'intervenir amicalement ? » Réponse : « Très sincèrement, ce sera très difficile de trouver trace d'une de mes interventions, quoi qu'en dise la presse. » Enfin, lorsqu'on lui demande s'il a entendu parler de la conférence de presse de Tralonca, Daniel Leandri répond : « Oui, bien sûr. Mais à cette époque M. Pasqua avait quitté le gouvernement, je n'étais donc plus conseiller au ministère de l'Intérieur. »

7.

De Juppé à la mairie de Bordeaux

Dans la nuit du 11 au 12 janvier 1996, quelques heures avant l'arrivée sur l'île du ministre de l'Intérieur Jean-Louis Debré, le FLNC Canal historique réunit dans le maquis plusieurs centaines de militants cagoulés et armés. Dans une clairière proche du village de Tralonca, en Haute-Corse, une tribune improvisée rassemble les membres de la direction militaire du Canal historique. Un porte-parole lit un long texte de revendications, qui annonce une trêve unilatérale de trois mois et demande la reconnaissance du peuple corse. Le FLNC Canal historique se prononce également en faveur d'un statut de territoire d'outre-mer pour la Corse, avec un statut fiscal spécifique, un système éducatif adapté, une refonte des systèmes de transport et la dissolution des deux conseils généraux. Mais les caméras de télévision et les objectifs des photographes fixent des images qui sidèrent l'opinion et relèguent le discours au second plan. Les militants rassemblés à Tralonca pour proclamer la paix exhibent un arsenal militaire extravagant. Lance-roquettes jetables, lance-grenades, pistolets Glock et Jericho, fusils Galil pour le tir de précision à grande distance, pistolets mitrailleurs

Uzi, fusils mitrailleurs HK, M 16 américains, kalachnikovs, fusils à pompe. L'effet de ces images dans l'opinion va se révéler désastreux, et le Premier ministre va rapidement ruiner tous vos espoirs. À quel moment en prenez-vous conscience ?

FRANÇOIS SANTONI : La conférence se tient effectivement. Tous les secteurs du Front sont présents, sauf celui de Sagone, qui a refusé d'y participer, malgré une rencontre avec ses représentants quelques jours auparavant. Le secteur Sagone, qui se retrouvera impliqué dans l'assassinat du préfet Erignac, reste campé dans une attitude factieuse. À l'époque, nous ignorons que ce secteur a noué des contacts avec la cellule de Jean Castela et Vincent Andriuzzi en Haute-Corse, qui seront tous deux impliqués deux ans plus tard dans l'assassinat du préfet Erignac.

À Tralonca, il y a entre 450 et 600 personnes, mais à vrai dire personne n'a compté. Le ministère nous fait savoir que les engagements ont été tenus, c'est très bien, et que l'on va continuer dans cette voie. Le soir, après le discours de Debré à la préfecture d'Ajaccio, le FLNC constate avec un étonnement amusé que le ministre est allé au-delà de ses attentes, répondant point par point, et dans l'ordre, aux demandes formulées la nuit d'avant. Bref, tout le monde est content. Mais cela ne dure pas longtemps car l'image des centaines d'hommes en armes qui devait démontrer l'union des combattants du Front et leur détermination à s'engager dans le processus de paix ne passe pas dans l'opinion. Le gouvernement et la police sont critiqués par la presse, par la classe politique. La conférence de presse est décrédibilisée.

C'est un ratage. Nous en avons la certitude quelques jours plus tard, en entendant Alain Juppé, le Premier ministre, dire non à tout. D'abord devant les élus de Corse, qu'il reçoit le 16 janvier à Matignon. Puis à la tribune de l'Assemblée nationale. À chaque fois, le ministère de l'Intérieur tente de nous rassurer, en nous disant que, malgré tout, Debré va tenir le cap, qu'il a le soutien de la chancellerie et de l'Élysée et qu'il ne faut donc pas désespérer.

En fait, Tralonca devient un enjeu au sein du gouvernement, dans le rapport de forces qui s'est instauré entre la place Beauvau et l'hôtel Matignon. Debré s'est sans doute vu à un moment, au plus fort des discussions avec ses services, comme l'homme providentiel qui allait mettre fin à la crise corse, et il se voyait sans doute prendre la place d'Alain Juppé. Ce conflit larvé va entièrement paralyser toute avancée et faire capoter le processus. Les contacts avec la place Beauvau se font rares, puis prennent fin. En Corse, la situation est mal maîtrisée, les attentats non revendiqués redémarrent de partout, le climat est totalement pourri.

Dans cette période, le Front effectue de nombreux mitraillages de façades de gendarmeries. Du coup, certains officiers viennent au contact. Le rendez-vous a lieu dans un village de Corse-du-Sud. Les deux parties se sont engagées « sur l'honneur » à ce qu'il n'y ait pas de piège. Les officiers arrivent en uniforme, à quatre ou cinq. Les représentants de la direction du FLNC sont à peu près autant, et tout le monde discute autour d'un solide apéritif. Les gendarmes demandent au Front de tenir compte de la présence des familles dans les casernes. Il y a dans la maison un peu de matériel, des gilets pare-balles, des postes radio, mais pas d'armes apparentes. Les gendarmes s'intéressent, regardent, comparent et s'estiment moins bien équipés que les soldats du Front. La conversation roule ensuite sur l'éducation des enfants, la vie en caserne, et tout le monde se quitte en échangeant des poignées de main franches et viriles.

En août 1996, Bernard Squarcini reprend contact avec moi, sur ordre de son ministre, qui veut connaître l'état d'esprit général. On se rencontre dans ma maison, au village, à Giannucciu. Au cours du déjeuner, je lui explique que le FLNC n'y croit plus et qu'il menace de reprendre l'offensive. Il est prévenu qu'à compter de la rentrée, si rien ne change, le FLNC fera cinq attentats par mois sur le continent. Je lui précise également que, selon nos informations, des éliminations physiques de militants nationalistes sont envisagées en haut lieu via un ancien policier bastiais, en liaison avec le milieu niçois. Le Front prévient qu'au premier décès suspect dans ses rangs, une voiture piégée, déjà positionnée quelque part dans Paris avec 50 kilos d'explosifs à son bord, sautera. C'est notre assurance-vie. Je préviens également Squarcini qu'en tant que secrétaire national de la Cuncolta, le mouvement public légal, je vais prendre position publiquement. Ce que je ferai dans l'éditorial du journal *U Ribombu* du 22 août, en annonçant la fin du processus de paix.

Le gouvernement ne réagit pas. Le Front frappe alors comme il l'avait dit. À Aix-en-Provence, à Perpignan, deux fois à Nîmes et enfin à la mairie de Bordeaux le 5 octobre. Un commando du FLNC Canal historique dépose une charge de 40 kilos d'explosifs en passant par les jardins, et provoque d'énormes dégâts.

Les Renseignements généraux avaient sans doute trop bien fait leur travail, en août 1996. À l'issue du voyage de Bernard Squarcini, un rapport complet a été envoyé à Paris, faisant état de la menace. Une « note blanche » d'alerte (message d'information rédigé sur papier sans en-tête officiel ni signature) est adressée aux préfets des départements concernés. Les RG estiment en effet que certaines grandes mairies pourraient être prises pour cible : Paris, Lyon, en raison des déclarations de Raymond Barre sur l'indépendance des Corses (« S'ils la veulent, qu'ils la prennent »), Marseille, fief de Jean-Claude Gaudin, ministre de la Ville et artisan de la zone franche corse, et enfin Bordeaux, dont le maire n'est autre qu'Alain Juppé. Toutes ces informations sont transmises au directeur de cabinet de Jean-Louis Debré, M. Besse, qui faxe le tout à Matignon. Mais le Premier ministre ne verra jamais le rapport des RG. L'un de ses collaborateurs, qui voit immédiatement le profit à tirer d'une telle situation, bloque le document. Il fait en sorte que les mesures de protection recommandées autour des mairies menacées soient mises en place, sauf à Bordeaux. Des ordres explicites sont même donnés en ce sens. C'est ainsi que la protection du bâtiment reste confiée à la police municipale, qui ne travaille pas la nuit. Après l'explosion de la bombe, Matignon accuse aussitôt les réseaux

« Pasqua » de n'avoir pas prévenu du danger et confisque définitivement la gestion du dossier corse au ministère de l'Intérieur. En même temps, le cabinet Juppé lance une opération d'épuration, destinée à écarter les « pasquaiens » infiltrés. Le préfet Bisch, qui ne pèse plus guère, est expédié en Savoie. Leandri est muté. Claude Guéant, directeur général de la police, sautera un peu plus tard. Et il s'en faut de peu que Squarcini ne soit éjecté.

Vous êtes invité à comparaître, le 16 octobre 1996, devant la cour d'appel de Bastia, pour y répondre d'une mise en examen pour « utilisation et transport irrégulier d'arme à feu ».

FRANÇOIS SANTONI : Effectivement. Il y a même eu une intervention avant l'audience pour que je sois condamné. Un magistrat l'a expliqué à Marie-Hélène Mattei, mon avocate. Je ne me suis pas présenté à l'audience, et la cour a prononcé une peine de quatre mois de prison ferme de façon que j'échappe au bénéfice de la loi d'amnistie votée durant l'été, dans laquelle a été inclus le port d'arme pour les peines inférieures à trois mois. Pourtant, j'avais reçu des assurances au plus haut niveau que cette affaire serait réglée. Mais personne n'a tenu parole.

L'histoire remonte à 1993, au début des négociations avec le gouvernement. J'explique à mes interlocuteurs que ma sécurité peut être menacée parce que la démarche ne va pas plaire à tout le monde, et je demande un port d'arme. On m'explique que c'est une procédure très longue, très compliquée, et on ne me le donne pas. En revanche, on le donne à Gilbert

Casanova, le président de la chambre de commerce d'Ajaccio, responsable du MPA et bras droit d'Alain Orsoni. Mais on me dit de ne pas m'inquiéter, que si malencontreusement je venais à être contrôlé en possession d'une arme, il me suffirait d'entrer en contact avec Paris et que l'on réglerait le problème en haut lieu. En septembre 1994, les gendarmes de Sartène me surprennent en train de m'entraîner à tirer au revolver 357 magnum en contrebas d'une route. Ils m'emmènent à la gendarmerie, et je demande que l'on prévienne le ministère de l'Intérieur. Il y a un peu d'agitation, beaucoup d'appels téléphoniques, et les gendarmes me relâchent. Mais contrairement aux engagements de Paris, ils me remettent une convocation au tribunal. Par un fâcheux concours de circonstances, un magistrat d'Ajaccio, venu sur les lieux d'un assassinat, est présent dans les locaux de la gendarmerie. Il s'offusque de ma possible libération pure et simple. Je serai poursuivi. Je demande des éclaircissements à Paris, au ministère de la Justice, et on me répond à nouveau de ne pas m'inquiéter, que les consignes ont été données et que le parquet ne fera qu'une réquisition de pure forme. Effectivement, le jour de l'audience, le parquet demande six mois de prison avec sursis. Mais il se trouve que, dans la composition du tribunal, l'un des assesseurs n'est autre que le juge présent le soir des faits à la gendarmerie. Résultat, après deux heures et demie de délibéré, je récolte six mois dont un ferme. Je redemande des explications à Paris, qui me conseille de faire appel de la décision. Mon interlocuteur à la chancellerie m'explique qu'il va y avoir une loi d'amnistie et que, une fois la loi votée, je n'aurai plus qu'à me désister de mon appel. L'amnistie est votée, je me désiste de mon appel, mais la cour d'appel de Bastia considère que mon désistement n'a pas été fait dans les formes et me condamne à... quatre mois fermes.

La contre-attaque judiciaire ne porte donc pas ses fruits immédiatement, et le FLNC Canal historique poursuit son offensive contre Alain Juppé. Le journal U Ribombu, *organe du bloc Cuncolta-FLNC Canal historique, parle même de « processus de guerre ».*

FRANÇOIS SANTONI : Pour le Premier ministre, la situation s'envenime. Tous les jours Juppé est critiqué par les députés, y compris ceux de son propre parti, et par la presse. À chacune de ses prises de position, le Front répond par un attentat en France ou en Corse. La dernière fois qu'il s'exprime devant l'Assemblée nationale pour dire qu'il ne cédera pas aux menaces, il se prend dans la figure le bâtiment de France Télécom à Ajaccio, entièrement rasé le 30 octobre. Le juge Bruguière est alors instamment prié de procéder à mon arrestation. La police tente de m'interpeller, le 24 octobre, lors d'une opération d'envergure et à grand spectacle qui mobilise le Raid et l'antiterrorisme, près de Bonifacio. Mais un service parisien prend soin de m'avertir et je quitte les lieux tranquillement avant l'arrivée des policiers. Je remonte au village

Et puis il y a un changement de registre. J'ai un contact avec des représentants de Matignon, qui viennent me voir en Corse très discrètement pour me faire une proposition financière. En échange de mon départ à l'étranger, ils me promettent un soutien substantiel, sans avancer de chiffres. Ils ont également l'intention, ils me l'assurent, à faire la même proposition à des personnes de mon entourage. Là encore le gouvernement est prêt à se montrer généreux, du moment que les indésirables sortent du paysage. Je refuse, et j'informe le ministère de l'Intérieur de cette manœuvre.

Début décembre, le juge Bruguière tient sa revanche avec ce que l'on va appeler ensuite l'affaire Sperone 2. La villa du gardien du golf de Sperone est détruite par un commando cagoulé, et l'attentat revendiqué par le FLNC Canal historique. Le propriétaire du golf, Jacques Dewez, dépose une plainte pour tentative d'extorsion de fonds, en expliquant que le FLNC Canal historique lui réclame 4 millions de francs. Il nous accuse, Marie-Hélène Mattei et moi-même, d'être les chevilles ouvrières de cette opération.

En fait, il y a deux volets dans cette affaire. L'attentat contre la maison du gardien n'a rien à voir avec la tentative d'extorsion de fonds. Il était prévu depuis longtemps, parce qu'une rumeur insistante courait dans tout l'extrême Sud, disant que le domaine de Sperone hébergeait une équipe permanente du Raid, soit une quinzaine d'hommes, en prévision d'opérations dans le Sud. Le chantage aux 4 millions sous couvert du Front est une opération concoctée par deux petits malfrats bien informés, qui vont organiser leur racket en utilisant le calendrier opérationnel du FLNC.

Au vu des nouvelles diffusées par la presse sur cette affaire, je suis rapidement persuadé que Marie-Hélène va être interpellée et écrouée. Je le lui dis, mais elle est convaincue du contraire. J'évoque alors mon intention, si elle est arrêtée, de me rendre à la police pour donner ma version des faits. Elle s'y oppose. Le 16 décembre au matin, elle est effectivement arrêtée alors qu'elle s'apprête à prendre l'avion à Bastia. Elle m'appelle de l'aéroport, entourée de policiers. Je suis alors à l'appartement de Bastia. Je quitte aussitôt la maison pour regagner le sud de l'île, mais après quelques dizaines de kilomètres je décide de faire demi-tour, la fuite ne me semblant ni très politique ni très élégante. En début d'après-midi, je me constitue prisonnier au commissariat de Bastia.

Marie-Hélène Mattei est incarcérée, puis libérée trois mois plus tard en échange du versement d'une caution de 700 000 francs. En revanche, François Santoni n'est libéré qu'en novembre 1998, après deux années de détention préventive. Ils comparaissent devant la 17e chambre correctionnelle du tribunal de grande instance de Paris, du 17 au 21 janvier 2000, aux côtés de cinq autres personnes présumées complices. Lors de son audition devant les juges, Marie-Hélène Mattei, défaite, évoquera à demi-mot l'époque révolue des négociations avec le gouvernement. A-t-elle joué un rôle à ce moment-là, comme on pourrait le comprendre au travers de ses explications ?

JEAN-MICHEL ROSSI : Marie-Hélène Mattei n'a jamais eu de rôle décisif, même si elle l'a prétendu. Elle a eu parfois un rôle de représentation, ce qui n'est pas la même chose. Elle était vibrionnante, voulait être partout. Aujourd'hui, elle dit à qui veut l'entendre qu'elle a tout fait pour apaiser les tensions pendant le conflit, mais j'ai personnellement été témoin du contraire. L'erreur fondamentale qu'elle a commise a été de se prendre à un moment donné pour un leader. Lors des négociations de 1989 avec Pierre Joxe, elle n'a joué qu'un modeste rôle de facteur, en acheminant une fois une lettre, et elle en a ressenti une vive frustration. En 1994, elle a cru pouvoir prendre sa revanche, car sa relation privée avec François Santoni l'avait placée aux premières loges. Elle a agi comme si elle était véritablement celle qui transmettait les messages de l'organe décisionnel. En fait, l'organisation n'avait besoin de Marie-Hélène Mattei ni pour porter les messages, ni pour décider. Les dirigeants bastiais de la Cuncolta s'en sont d'ailleurs toujours méfiés et l'ont longtemps empêchée de prendre de l'ascendant.

Sur le plan politique, elle m'a toujours paru instable. Son métier d'avocate l'a peut-être pervertie. Elle croit qu'il n'y a pas de convictions fortes, pas de vérité, et que l'on peut soutenir tout et son contraire. Les notions de bien et de mal lui échappent totalement. Elle a certes été une figure de la défense des prisonniers, elle a été une grande voix du procès de Bordeaux, elle aurait dû se cantonner dans ce rôle. C'était une bonne avocate, capable de plaidoiries flamboyantes, mais elle n'est ni une militante ni un leader politique.

Le 8 mars 2000, le tribunal émet un jugement sévère et condamne François Santoni et Marie-Hélène Mattei à quatre ans de prison ferme. Ils ont fait appel.

FRANÇOIS SANTONI : Le président de la 17e chambre, Jean-Yves Monfort, s'est banalement trompé de partition. Je l'ai d'ailleurs surnommé affectueusement « Narcisse » pour son ego surdimensionné. Il a confondu tous les genres dans cette affaire qui le dépassait visiblement et qu'il avait du mal à appréhender.

8.

Le gouvernement Jospin

Juin 1997, la dissolution de l'Assemblée nationale décidée par le président de la République Jacques Chirac porte une majorité de gauche au Parlement. Lionel Jospin s'installe à Matignon. Après une nouvelle nuit bleue, le FLNC Canal historique décrète le 15 juin une « suspension des actions militaires pour permettre au nouveau gouvernement de la France, après la déroute de la droite, de se mettre en place et de réfléchir à une politique concrète à mener en Corse ». Vous êtes à cette époque tous les deux incarcérés, mais vous gardez vos contacts avec le monde nationaliste. Comment les rapports entre le Front et le gouvernement évoluent-ils ?

FRANÇOIS SANTONI : Cette trêve est en fait un appel du pied à Lionel Jospin, pour tenter d'entrouvrir la porte du dialogue. D'ailleurs, peu après l'entrée en fonction du nouveau Premier ministre, Matignon donne un signe d'espoir. François Puponni, nouveau maire de Sarcelles en remplacement de Dominique Strauss-Kahn, nommé à Bercy, est mandaté pour contacter l'un de nous deux *(François Santoni)* en prison, par l'intermédiaire de l'avocat Pascal Garbarini. Mais après avoir reçu pour consigne de tenter une approche, il reçoit subitement l'ordre de couper tout contact, y compris d'ordre personnel, avec tout ce qui pourrait être la mouvance nationaliste. Le gouvernement préfère d'abord se donner le temps d'effacer l'image de la droite qui avait discuté avec les clandestins, avant de reprendre le contact sous une autre forme.

Le ministère de l'Intérieur, désormais dirigé par Jean-Pierre Chevènement, maintient de son côté les contacts avec le mouvement nationaliste et avec le FLNC Canal historique par l'intermédiaire d'un certain nombre de fonctionnaires, mais uniquement pour prendre la température. Certains militants toujours en liberté, connus comme ayant été mandatés par le Front, et quelques responsables nationalistes emprisonnés, reçoivent régulièrement la visite de fonctionnaires de police qui se livrent à un travail d'analyse politique. Pas question de donner quelque information que ce soit, mais plutôt d'échanger des opinions sur l'évolution de la situation politique, et surtout de maintenir le lien. Cela se fait peut-être en prévision, un jour, d'une reprise des contacts de façon plus officielle, bien que rien ne soit réellement à l'ordre du jour. Et si la place Beauvau ne reçoit plus d'émissaires de la clandestinité, la porte de la rue des Saussaies, juste derrière, ouvrant sur les locaux des Renseignements généraux, leur est toujours ouverte.

Ne voyant rien venir, le FLNC Canal historique décrète, le 25 janvier 1998, la rupture de la trêve, dénonçant l'« arrogance imbécile » et le « mépris » des

« ministricules » envoyés en Corse. Et puis le 6 février au soir, le préfet Claude Erignac est abattu de trois balles de pistolet dans une rue d'Ajaccio. Comment réagissez-vous ?

FRANÇOIS SANTONI : J'apprends l'assassinat du Préfet Erignac le lendemain de sa mort, le 7 février 1998. Je suis dans ma cellule, mes sacs sont prêts. Le président de la chambre d'accusation a prévenu peu avant mes avocats que je vais être libéré.

Il est tôt, il fait encore nuit. Je suis couché lorsque le gardien m'apporte mon journal, *Libération*, qui titre en une « Le préfet assassiné ». Je comprends tout de suite que je peux défaire mes sacs et que je ne sortirai pas avant longtemps. Ce que confirmera ensuite le président de la chambre d'accusation à mon avocat Pascal Garbarini : « Ce n'est plus la peine d'espérer, on ne lâche plus personne. »

La Cuncolta a condamné tout de suite l'assassinat. Je me suis exprimé ensuite dans le journal de la Cuncolta, *U Ribombu*, en expliquant que ce crime était une grossière erreur politique. Puis la Cuncolta a commencé à avoir un discours beaucoup plus flou sur l'affaire Erignac, au nom d'un certain œcuménisme nationaliste, en distinguant la condamnation de l'acte de celle des auteurs. Jean-Michel Rossi et moi sommes restés sur la même position, une condamnation sans réserve de l'acte et des auteurs.

Pour nous, les auteurs ont peu d'importance dans cette affaire. D'ailleurs, était-ce bien l'acte de guerre contre la France qu'ont revendiqué les assassins présumés ? Je n'ai pas vu de guerre. J'ai vu un préfet, un homme seul et sans arme, qui se fait abattre en allant au théâtre. J'ai vu les auteurs présumés qui sont gentiment retournés travailler et qui se sont terrés pendant un an, laissant au peuple corse le soin d'assumer leur acte en subissant un véritable harcèlement policier. Ce n'est pas un acte d'héroïsme.

Le commando Erignac, ce ne sont que des hommes de main qui se prennent pour des idéologues. Ils essaient d'habiller leur action d'un discours politique, mais nous sommes convaincus qu'ils ont été manipulés. Ils ont été instrumentalisés par l'intermédiaire de membres de leur propre groupe, et qu'on peut appeler les penseurs de l'acte, eux-mêmes actionnés par les vrais concepteurs. Ceux-là ne figurent pas dans la liste des personnes arrêtées et incarcérées. Mais ils visaient une déstabilisation grave de la situation corse. L'assassinat du préfet devait sans doute, dans l'esprit de ses instigateurs, pousser l'État à une répression tous azimuts, contre les nationalistes et contre la classe politique traditionnelle, afin de mettre en place une nouvelle classe dirigeante d'obédience mafieuse, actionnée par certains relais politiques parisiens. Cela n'a pas marché jusqu'au bout, mais le projet est toujours en sommeil et risque de réapparaître très vite sous une forme différente.

Si en 1996, alors que les négociations entre le FLNC Canal historique et le ministère de l'Intérieur étaient bien engagées, Juppé n'était pas revenu sur la parole du gouvernement pour des raisons qui lui appartiennent, peut-être que le préfet Erignac ne serait pas mort. On ne serait pas face à cette clandestinité qui n'est plus maîtrisée. Il faut maintenant redouter des actions sporadiques de groupes d'individus qui n'ont plus rien à perdre, qui n'ont pas de soutien populaire, mais qui peuvent provoquer des événements dix fois plus graves qu'une violence organisée par des structures politico-militaires.

Dans la nuit du 19 au 20 avril 1999, la paillote Chez Francis, *installée sur une plage de Coti-Chiavari, au sud d'Ajaccio, est détruite par un incendie criminel. L'enquête démontre que ce sont des gendarmes du Groupe des pelotons de sécurité (GPS) qui ont incendié l'établissement, sur ordre, selon eux, du préfet Bonnet. Ce dernier est arrivé en Corse le 13 février 1998, pour succéder au préfet Claude Erignac assassiné la semaine précédente. Pendant quinze mois, Bernard Bonnet mène tambour battant sa politique de « rétablissement » de l'État de droit. Jusqu'à l'affaire de la paillote. Le préfet Bonnet est arrêté le 3 mai 1999, mis en garde à vue et écroué à la prison de la Santé. Quels ont été vos rapports avec lui ?*

FRANÇOIS SANTONI : Je ne l'ai jamais rencontré dans la période comprise entre mon retour en Corse, après ma sortie de prison en novembre 1998, et son arrestation. Mais je sais qu'il était persuadé que ma libération était le fruit d'une négociation avec le cabinet Jospin. Sous son règne, j'ai été la cible de plusieurs opérations policières. Le préfet faisait une véritable fixation sur ma personne, et demandait sans cesse à ses services des informations sur ce que je faisais, où j'étais, avec qui.

L'incendie de la paillote a été présenté comme une machination destinée à relancer les affrontements entre nationalistes. Cela me paraît un peu farfelu. Personne ne serait parti en guerre pour venger Yves Féraud, le propriétaire de *Chez Francis*. En revanche, les projets révélés ensuite par les gendarmes du GPS interpellés dans cette affaire, à savoir faire sauter les bateaux de mes amis à Bonifacio, le mitraillage envisagé de la maison où j'habite à Bonifacio, l'installation d'un commando du GPS dans la maison d'en face, tout cela aurait pu faire déraper une situation très tendue, relancer des affrontements et justifier une politique répressive.

La seule fois où j'ai rencontré Bonnet, c'est fortuitement, dans un autobus à Paris, à la fin de l'année 1999. Je me rends chez mon dentiste, tranquillement assis au fond du bus, lorsque je le vois monter à un arrêt vers le Champ de Mars. J'imagine qu'il va s'installer loin de moi. Pas du tout, il s'avance et s'assied sur le siège en face de moi en me souriant jusqu'aux oreilles. Je le salue, et il me demande tout de suite de mes nouvelles, si je suis toujours dans le Sud. Puis il me parle de son livre, il aborde le cas de son « informateur », celui qu'il désigne sous le pseudonyme de « monsieur Corte » dans son livre, il exprime aussi son regret de ne pas avoir eu le temps de mettre José Rossi à la place qui aurait été, selon lui, « la sienne ». Quelques arrêts plus loin, il descend en me précisant qu'il va tout noter dans ses carnets. Il m'a paru serein, déterminé, et convaincu d'être un soldat de la République. Il ne comprenait vraiment pas sa situation, car il restait persuadé d'avoir défendu la France. Il n'a d'ailleurs pas été très tendre envers ses anciens compagnons de route.

Revenons à l'année 1998. Le 8 mai, le Front frappe le conseil régional de Provence-Alpes-Côte d'Azur à Marseille. L'année suivante, sur la cinquantaine d'attentats commis contre des bâtiments publics en Corse, le FLNC Canal historique en revendique dix-huit. Est-ce la reprise d'une offensive contre l'État ?

À chaque fois, derrière ces actions, il y a une main tendue du mouvement nationaliste qui appelle à une négociation, à une ouverture des discussions avec le gouvernement. Il n'y a pas de contact direct, certes, mais l'offre se lit dans les communiqués de Corsica Nazione, dans les déclarations des uns et des autres, et indirectement dans les mises en garde de la classe politique corse contre les conséquences d'une attitude trop rigide trop longtemps.

En juillet 1999, Jospin va en Corse et ferme la porte à tout espoir de négociation dans un discours très ferme à l'Assemblée de Corse. Mais en même temps le gouvernement entame des discussions exploratoires avec José Rossi par l'intermédiaire de la franc-maçonnerie. Simon Renucci et Pierre Chaubon, les hommes du réseau Jospin, se mettent à l'ouvrage en marge de l'appareil d'État. À Paris, le Parti socialiste se dote d'un cercle de réflexion sur la question corse.

Tous les représentants de la société insulaire sont contactés de manière informelle : les politiques, les socioprofessionnels, les nationalistes et les clandestins. Nous avons alors le sentiment que Jospin dit publiquement non à tout pour donner plus de portée au moment où il fera cette ouverture concoctée en secret. Car, dès l'été, Lionel Jospin sait qu'il va entamer des discussions au grand jour.

Le 25 novembre 1999, le Premier ministre doit faire face à la violence spectacle. Les bâtiments de l'Urssaf et de la direction départementale de l'Équipement à Ajaccio sont soufflés en plein jour par de puissantes charges explosives. Les deux attentats sont revendiqués par un mystérieux groupe inconnu, Clandestinu. En fait, selon nos informations, l'attaque de la DDE est destinée à camoufler les vraies raisons de l'attentat contre l'Urssaf. Ce dernier vise en fait à stopper des procédures de redressement engagées sur des proches de Corsica Viva, le mouvement nationaliste regroupant d'anciens militants du bloc MPA-FLNC Canal habituel. L'un de ces militants avait notamment une ardoise de 6 millions de francs.

Laisser entendre que les attentats d'Ajaccio ont été commis pour enclencher le processus des négociations avec Matignon, comme aimeraient le laisser croire leurs auteurs, est faux. Le principe de discussions entre le gouvernement et la société corse est arrêté depuis longtemps.

Le 13 décembre se tient la réunion de Matignon. Les élus de Corsica Nazione, Jean-Guy Talamoni et Paul Quastana, participent aux discussions. Mais, selon vous, qui représentent-ils ?

FRANÇOIS SANTONI ET JEAN-MICHEL ROSSI : Officiellement, Jean-Guy Talamoni ne peut évidemment pas dire qu'il parle aussi au nom de la mouvance clandestine, puisque le préalable du gouvernement est de ne discuter qu'avec les élus, et uniquement les élus. Mais personne n'est dupe. Talamoni est tributaire de l'organisation clandestine.

L'entourage de Jean-Guy Talamoni peut être qualifié aujourd'hui d'extrême droite, représentant de la petite et moyenne bourgeoisie libérale commerçante. Il évolue dans un milieu italianisant, en relation étroite avec la Péninsule, et prônant un véritable rejet de la France qui pourrait d'ailleurs être à l'origine de la réactivation d'expressions du type « allogène », forgées par l'Action régionaliste corse dans les années 70 (*cf. Autonomia*, ouvrage de référence de l'Arc publié en 1974), mouvement auquel appartenaient les parents de Jean-Guy Talamoni. Il n'est pas sûr que ces expressions soient des dérapages imputables aux seuls rédacteurs des communiqués du FLNC. Cela correspond à une idée très répandue dans le mouvement, qui est de dire qu'entre Corses on s'arrangera toujours, que tout ce qui est corse est bon et que tout ce qui vient de l'extérieur nous pollue. C'est le refus absolu d'envisager les tares de la société corse.

Talamoni s'est attaché à avoir un parcours lisse et sans faute. Depuis l'université d'Aix-en-Provence, où il militait à la CSC, il a eu un engagement à peu près linéaire, toujours légitimiste et du côté de la majorité du moment dans le mouvement, sans jamais se mettre en avant en cas de crise. Jusqu'au moment où il a pensé que le temps de la prise du pouvoir était venu. Derrière lui, dans l'ombre, se tiennent des gens dont les accointances avec l'extrême droite sont préoccupantes. L'un de ses proches était dans les années 70 à la fois membre de la CSC et du Mouvement social italien, résurgence du fascisme. Des liens ont été tissés entre l'entourage de Jean-Guy Talamoni et la Ligue du Nord d'Umberto Bossi. La venue du chef du parti populiste italien avait même été un temps évoquée à l'occasion des journées internationales de la Cuncolta à Corte.

Comme avocat, il n'a jamais joué aucun rôle dans les procès politiques. La carrière politicienne est certainement pour lui un moyen d'échapper à une certaine obscurité au niveau professionnel. Sa mission était d'être le porte-parole et le représentant de Corsica Nazione, quand il a fallu trouver en 1992 un colistier qui soit un tant soit peu présentable pour figurer derrière le Dr Edmond Simeoni. Il n'a pas de condamnations judiciaires, il est avocat. En Corse, les avocats et les médecins semblent d'ailleurs prédestinés à faire de la politique politicienne. Même au sein du mouvement nationaliste, qui n'est pas un mouvement révolutionnaire, l'opinion générale admet que c'est la petite bourgeoisie intellectuelle qui doit diriger le mouvement. C'est plus pratique que de former de véritables cadres dotés d'une conscience politique.

Jean-Guy Talamoni est celui qui doit apparaître comme le commun dénominateur, alors qu'il n'en a ni les capacités ni les moyens. Il est souvent remis en cause, il a de nombreuses difficultés avec les uns ou les autres, mais enfin, il est aux yeux de l'opinion, malgré tout, le fédérateur du mouvement. Il a même réussi à se placer en leader de la nébuleuse Unita, alors que les rapports de force démentent totalement ces apparences. Nous pensons que Jean-Guy Talamoni est devenu aujourd'hui l'otage des surenchères clandestines. Corsica Nazione a une apparence, celle d'un rassemblement démocratique, et une réalité, la mainmise des bandes activistes regroupées dans l'improbable Union des combattants/FLNC nouvelle mouture.

Talamoni doit d'un côté inspirer confiance à la classe politique traditionnelle, ce rassemblement de politiciens corrompus qui ont essayé tous les attelages depuis une quinzaine d'années. À ceux-là, il se doit d'expliquer que la clandestinité est usée, fatiguée, un jour ou l'autre elle déposera les armes, laissez-nous un peu de temps. De l'autre, il doit aussi ménager ce qui reste de la base militante nationaliste, et surtout les différents groupuscules fédérés au sein de l'Union des combattants devenue le FLNC unique, à qui il faut donner leur comptant de discours guerriers à défaut d'actes guerriers, de façon qu'ils ne s'agitent pas et ne contrarient pas le processus censé s'accomplir.

Ce système est très fragile. Nous l'avons vu à deux reprises, d'abord à l'Assemblée de Corse, lorsque la motion soutenue par Talamoni n'a pas recueilli de majorité. Il a pourtant consenti des concessions majeures, dont, pour la première fois, le renoncement à la revendication de peuple corse, ce qui est une grave erreur. Ensuite, lors de cette rencontre au siège du Grand Orient de France, la principale obédience maçonnique française, le 11 janvier 2000. Quatre personnes mandatées par la nébuleuse clandestine, représentant en fait les deux grands groupes du FLNC du 5 mai 1996 et du FLNC Canal historique, ont été reçues par quatre dignitaires du Grand Orient, parmi lesquels se trouvait un éminent représentant du Parti socialiste. En demandant cette entrevue, les envoyés de la clandestinité entendaient bien couper l'herbe sous le pied à Jean-Guy Talamoni et à Corsica Nazione.

Reste qu'aujourd'hui le dialogue avec le gouvernement ne peut plus guère passer que par le mouvement public. La clandestinité est tellement atomisée que personne ne peut véritablement prendre d'engagements en son nom. Les organisations clandestines se sont multipliées, divisées en sous-groupes. Le Canal historique, que nous connaissons bien, a par exemple la prétention d'être uni avec d'autres groupuscules ou organisations, dans l'entité mal cernée baptisée « Union des combattants », alors que dans ses propres rangs règne la désunion. Chaque secteur est devenu une entité à part, et les antagonismes y sont si forts qu'ils pourraient se traduire un jour par des éliminations physiques. Prenons l'exemple de ces deux militants du Front historique, Ricardo Bianco et Joseph Defenzo.

La veille de la première réunion à Matignon, une mini nuit bleue est organisée dans la région bastiaise et de Porto-Vecchio. À Porto-Vecchio, dès l'explosion d'une première charge, une patrouille de police surprend deux hommes qui n'ont pas le temps de déposer leur seconde bombe devant la trésorerie de la ville. L'un des plastiqueurs est arrêté, l'autre parvient à s'enfuir.

En fait, depuis le jeudi précédent, toutes les brigades de gendarmerie et tous les services de police sont en alerte et ont renforcé la surveillance des édifices publics. Des renseignements précis, parvenus dans ces services, faisaient état de la préparation d'une opération destinée à contrarier la réunion de Matignon.

Ricardo Blanco, celui des deux qui est pris en flagrant délit, reconnaît les faits. Ce militant de la Cuncolta habite chez Batti Canonici, membre de l'exécutif du mouvement, à qui il sert plus ou moins de chauffeur et de garde du corps. Mais aucune organisation clandestine ne va revendiquer les attentats. Celui qui a réussi à fuir n'est autre que Joseph Defenzo, inséparable compagnon de Blanco et des dirigeants du Sud dont Canonici. Mais il n'est pas allé bien loin. Quelques semaines plus tard, son corps est retrouvé dans une rivière à demi asséchée dans la région de Cervione, les mains attachées dans le dos et deux décharges de chevrotine en pleine poitrine. La Cuncolta finira par expliquer dans un communiqué que Defenzo avait démissionné trois mois auparavant, n'était plus membre du parti nationaliste et donc que cette affaire n'était en rien politique. En fait, Defenzo et Blanco ont été actionnés par un membre du FLNC Canal historique du Sud pour réaliser cette nuit bleue. Defenzo, quelques jours après avoir échappé aux policiers, s'est retourné vers ses commanditaires, pour leur demander des explications sur le fait que cette nuit bleue ait été si facilement éventée. Et c'est là que l'on perd sa trace. Un officier des Renseignements généraux, proche de Batti Canonici, ira jusqu'à faire courir le bruit selon lequel c'est Defenzo lui-même qui aurait été la balance.

Il s'agit pour nous d'une affaire très grave. Le bloc Cuncolta-Canal historique, s'il est mêlé à cette affaire, comme nous sommes en droit de le croire, affiche une grande lâcheté. Car l'acte n'est pas assumé. Si Defenzo, comme certains le prétendent, est abattu parce qu'il s'apprête à organiser une dissidence d'envergure afin de contester le dialogue de Matignon, alors, il faut avoir le courage de revendiquer. Ce n'est pas le cas, et tout le monde est très gêné. En fait, nous savons que, bien avant cette affaire, une crise importante s'est nouée au sein de la clandestinité. Le rapprochement opéré quelques mois auparavant entre les responsables du Canal historique du Sud et des organisations telles que le FLNC du 5 mai, ou Fronte Ribellu, ne reçoit pas l'assentiment de tous les militants, et notamment en Haute-Corse. Mieux, les responsables de l'extrême Sud ont opéré une reprise en main de l'organisation en Haute-Corse, en écartant notamment deux dirigeants. L'affaire Defenzo survient donc en plein bras de fer pour le contrôle du Canal historique, et va provoquer la démission de plusieurs secteurs de Haute-Corse.

La lutte au sein du Front historique vise uniquement, pour les différents pôles qui se déchirent, à avoir le monopole de la discussion et de la représentativité. Cette situation s'explique par le fait que le FLNC n'est plus dirigé par ses cadres fondateurs ou par les cadres qui ont compté dans le mouvement, mais par les seconds voire troisièmes couteaux. Voilà pourquoi, aujourd'hui, la seule démarche possible reste celle des élus, en accord avec leurs électeurs et l'ensemble des militants et sympathisants de Corsica Nazione, et la clandestinité ne doit pas interférer. Nous pensons que les élus de Corsica Nazione auraient tout intérêt à prendre une position très claire, en expliquant qu'ils représentent vingt mille électeurs, qui ne sont pas vingt mille clandestins ou partisans du Front, et qu'ils continueront à dialoguer, même si le Front décide de rompre la trêve. À terme, nous pensons qu'ils en sortiront gagnants et qu'ils arriveront à maîtriser la clandestinité. Car lorsque celle-ci ne représente plus rien, si ce n'est un danger potentiel, c'est au mouvement public de prendre le pas. Encore faut-il en avoir le courage.

TROISIÈME PARTIE

Petits arrangements avec le Front

9.

Le FLNC et les hommes politiques corses

Face aux élus des partis traditionnels à l'Assemblée de Corse, le FLNC Canal historique adopte différentes attitudes. Il y a ceux qui sont plus ou moins ignorés, ceux qui sont combattus, voire menacés. Et puis il y a ceux que le Front va privilégier. Dans la perspective de négociations avec l'État, le Front a soigneusement identifié les conseillers territoriaux qui peuvent lui être utiles pour obtenir des contacts et soutenir sa démarche. Exemples et contre-exemples.

Jean Baggioni
RPR, président du conseil exécutif de l'Assemblée de Corse depuis 1992, député européen de 1992 à 1999, maire de Ville-di-Petrabugno (Haute-Corse) depuis 1965.

FRANÇOIS SANTONI : Le Front mise sur lui dès le début des années 90. Il est même convié à la réunion, en 1992, à la mairie de Paris, lors du premier contact entre le FLNC Canal historique et le conseiller de Chirac Maurice Ulrich (voir page 77). Dans la foulée, le Front décide de soutenir Baggioni aux élections législatives de 1993 contre Émile Zuccarelli, le maire de Bastia. Le problème, c'est que la base du Front bastiais se veut de gauche et refuse d'appliquer la consigne. Voyant arriver la déroute pour son candidat, le Front cherche alors une porte de sortie. Il lui faut impérativement éviter de se brouiller avec Baggioni afin qu'il demeure un interlocuteur éventuel et un appui à l'Assemblée de Corse. Et donc trouver très vite une excuse à la défaite prévisible. Le Front passe alors une autre alliance avec Paul Natali, le président du conseil général de Haute-Corse, officiellement allié de Baggioni, et lui demande de le faire battre, ce qu'il accepte. Puis l'organisation s'empresse d'avertir Baggioni. L'un de nous deux *(François Santoni)* est mandaté pour aller le prévenir dans sa mairie de Ville-di-Petrabugno, et lui dire que Natali est en train de le trahir. Un vrai coup tordu de la petite politique corse. Mais Baggioni n'est pas dupe, et le soir de sa défaite, il accuse les « barbus », les nationalistes, de l'avoir trahi.

Pas rancunier, il ne s'oppose jamais aux nationalistes à l'Assemblée de Corse. Au contraire, il rend beaucoup de services individuels aux dirigeants du Front, qui ont largement joué cette carte du clientélisme au travers de Baggioni pour asseoir leur popularité au sein de la base.

Les relations entre lui et le Front s'enveniment lorsqu'il change de ligne politique. Sous Pasqua, il marche à fond dans la logique de la négociation et des accords. Puis lorsqu'il sent que le vent tourne avec Juppé, il freine des quatre fers et affiche des positions contraires. Il est exact qu'à cette période Jean Baggioni est soumis à des pressions du Front (Annexe 9). Sa mairie saute plusieurs fois, des bombes explosent sur sa commune.

José Rossi

UDF-Démocratie libérale, président de l'Assemblée de Corse depuis 1998, président du conseil général de Corse-du-Sud de 1985 à 1998, adjoint au maire d'Ajaccio de 1983 à 1990, maire de Grosseto-Prugna de 1990 à 1995 puis à nouveau adjoint au maire d'Ajaccio depuis 1995.

FRANÇOIS SANTONI : Le Front ne l'a pas rencontré souvent. Mais pour les nationalistes, José Rossi a l'envergure d'un homme d'État. Il ne mise pas sur la Corse pour faire sa carrière. Ce n'est qu'un tremplin, car il a une vision nationale de la politique. Et ce n'est pas seulement l'analyse des nationalistes. À chaque fois que nous avons rencontré des représentants du gouvernement, que ce soit Pasqua, Debré ou d'autres, lors des négociations entre 1993 et 1996, son nom revenait systématiquement dans les conversations. Nos interlocuteurs s'inquiétaient souvent, à propos de tel ou tel projet, de ce qu'allait faire, dire ou penser José Rossi. C'est bien le signe que l'homme est pris en compte en haut lieu.

Avec lui, le Front a surtout opéré par la bande, en passant par ses amis, par des personnes qui le côtoient, pour savoir exactement ce qu'il pensait. Et puis la direction du Front a pris la décision de le rencontrer. La première entrevue, en 1995, a lieu à l'Assemblée nationale et José Rossi tient à ses interlocuteurs un discours d'ouverture prudent. Il affiche une méfiance évidente vis-à-vis de Charles Pasqua, des promesses qui sont faites, mais se déclare favorable à toute forme de discussion. Sans prendre d'engagement, il rappelle que si les choses avançaient dans une certaine voie, il pourrait refaire ce qu'il avait fait avec Joxe en 1990, lorsqu'il avait largement participé aux négociations pour la mise en place du statut de l'île.

Janvier 1996 arrive, avec la conférence de presse du Canal historique à Tralonca. Nous rencontrons José Rossi immédiatement après à Propriano. Il est accompagné de Marc Marcangelli, le maire bonapartiste d'Ajaccio. Sa position a beaucoup évolué depuis l'entrevue à Paris. Il a vu les images de Tralonca, il a entendu le discours de Debré qui répond point par point au Front historique. Visiblement, il se dit : c'est fait, ils négocient et ils vont obtenir des choses. Alors il nous dit franco qu'il est prêt à marcher avec le Front sur tous les points exposés à Tralonca et à réitérer l'opération de 1990, la prise de pouvoir à l'Assemblée de Corse (lire page 45). Il explique ensuite qu'il faut écarter Jean Baggioni, et pour cela il a besoin de l'appui de Paul Natali, le président du conseil général de la Haute-Corse. Mais José ne bénéficie apparemment pas de la sympathie effrénée de Paul Natali, et demande que le Front se charge de discuter avec lui et de le convaincre d'abandonner son ami Baggioni. Si la manœuvre marche, José Rossi assure qu'il affichera ses positions publiquement en s'alignant sur les propositions de Tralonca. Un peu inquiet, il fait quand même une remarque, lors de ce rendez-vous, sur l'impact de la démonstration de force de Tralonca. Marcangelli, très pragmatique, lui explique alors qu'il ne faut pas compter les mitraillettes mais les voix : une mitraillette, c'est un militant, un militant, c'est 10 personnes par famille, et 600 militants à Tralonca, c'est 6 000 voix, un chiffre énorme pour la Corse.

Et puis le 16 janvier 1996, José Rossi se rend à Matignon avec les élus de l'île. Là, il constate très vite que tout a changé et que l'heure des négociations est passée. Il prend aussitôt la position contraire à celle qu'il avait affichée devant nous et devient très distant vis-à-vis du Front. D'où cette franche opposition entre le Front et lui par la suite. Aujourd'hui, José Rossi reprend contact avec les nationalistes à travers Corsica Nazione. Nous savons qu'il est animé de grandes ambitions personnelles, mais nous soutenons sa démarche car nous considérons qu'il faut maintenant en passer par lui pour avancer au niveau national. Nous et nos amis l'appuierons dans la démarche de dialogue avec Matignon. Mais nous lui ferons une guerre sans merci sur le plan politique pour la conquête de la mairie d'Ajaccio. Il nous paraît beaucoup trop dangereux de remettre entre les mains d'un seul et même homme la présidence de l'Assemblée de Corse et la mairie de la plus grande ville de l'île. Ce serait en faire le roi de Corse, et il n'en est pas question.

Jean-Paul de Rocca-Serra

RPR, décédé le 6 avril 1998 à 87 ans. RPR, président de l'Assemblée de Corse de 1984 jusqu'à sa démission, un mois avant sa mort, député de Corse-du-Sud depuis 1962, maire de Porto-Vecchio de 1950 à 1997, sénateur de Corse de 1955 à 1962, conseiller général de Corse-du-Sud de 1949 à 1988, président du conseil général de Corse-du-Sud de 1952 à 1953 et de 1977 à 1982.

FRANÇOIS SANTONI : Le Front a eu véritablement des relations avec lui. Des relations étonnantes, que tout le monde essaie de nier en les faisant passer pour personnelles, mais qui ont été bien réelles. Il a toujours maintenu des contacts avec le Front, dans ce lien quasi paternaliste qu'il avait avec les jeunes militants croisés dans un café. C'était du genre : « Écoutez, les enfants, vous n'allez pas venir à Porto-Vecchio me mettre des bombes, hein ? À côté, on s'en fout, mais ici, hein ? On se connaît, alors ? » Il est très souvent intervenu pour faire libérer des personnes interpellées par la police ou par les gendarmes, pas seulement des nationalistes d'ailleurs. Mais ce n'était pas pour lui une question d'idéologie, il le faisait parce que c'étaient des gens de son village. C'était un seigneur.

Le Front lui apporte un appui aux élections cantonales de 1993 lorsque son fils Camille se trouve en difficulté face à son éternel rival Denis de Rocca-Serra, soutenu par le MPA. Au-delà de la sympathie pour Jean-Paul, il n'en faut pas beaucoup pour que le Front aide Camille puisque cela permet de barrer la route à la faction nationaliste opposée. Le Front, par l'intermédiaire de François Orsini, le président de la Fédération corse des commerçants et des artisans, pâtissier à Porto-Vecchio, fait voter pour Camille. Et Camille est élu.

En échange, le Front demande à Jean-Paul de Rocca-Serra d'attribuer le marché du gardiennage de l'Assemblée de Corse à la société Bastia Securita, contrôlée par le bloc Cuncolta-FLNC Canal historique. Le Front souhaitait en effet décrocher ce contrat, non pour son aspect financier, car c'est un petit budget qui ne rapporte pas grand-chose, mais pour l'image. Par ce biais, le Front pouvait montrer qu'il était à l'Assemblée, qu'il pouvait donc maîtriser certaines choses. C'était un message adressé à beaucoup de monde, y compris aux élus.

Les élections passées, Jean-Paul de Rocca-Serra nous fait savoir qu'il tiendra parole. Nous demandons donc aux représentants de Bastia Securita de déposer un dossier de candidature, même si le résultat est acquis d'avance. Le jour de la délibération de la commission d'appel d'offres arrive. Plusieurs sociétés candidates ont envoyé de volumineux dossiers illustrés à l'appui de leurs propositions. Sauf Bastia Securita, tellement sûre d'elle-même qu'elle n'a fait parvenir qu'une feuille manuscrite. Pour Jean-Paul de Rocca-Serra, cette candidature devenait indéfendable. Eh bien, pour tenir parole, il a annulé la réunion qui devait décider de l'octroi du marché, et il a téléphoné pour demander quand même l'envoi de quelques pages dactylographiées. Voilà comment Bastia Securita a obtenu le gardiennage de l'Assemblée de Corse.

Aux municipales de 1995, Jean-Paul de Rocca-Serra sollicite de nouveau l'appui du Front. Ce qui lui est accordé. La direction clandestine donne les instructions nécessaires au mouvement public. Pour préserver la susceptibilité de ses responsables sur Porto-Vecchio, le Front leur organise une rencontre avec le maire, et Jean-Paul bénéficie du soutien des nationalistes pour conserver son fauteuil de maire, alors qu'il risquait pour une fois de se retrouver en difficulté.

Jean-Paul n'a jamais attaqué la clandestinité. En janvier 1996, après l'émotion soulevée dans l'opinion par la conférence de presse de Tralonca, Alain Juppé invite tous les élus corses à Matignon. Lui seul quitte la réunion avant la fin, et nous appelle pour nous dire que tous les autres hurlent avec les loups contre les cagoules.

C'est aussi à cette époque que Matignon décide d'organiser un débat à l'Assemblée nationale sur la situation en Corse. Le FLNC Canal historique a encore quelques contacts au gouvernement, après des mois de tractations secrètes. Et Jean-Paul demande tout naturellement que le Front fasse pression à Paris pour qu'il puisse lire le texte de l'intervention du groupe RPR. Jean-Paul ne veut surtout pas que l'orateur du RPR soit Michel Péricard, président du groupe, dont il redoute des propos très durs à l'égard de la clandestinité. Il fait cette requête au cours d'un apéritif chez un ami médecin à Bonifacio, chez qui se retrouve toute la classe politique de l'extrême Sud, y compris le FLNC Canal historique et les représentants de la gendarmerie en uniforme.

Le Front tente le coup en intervenant auprès du ministère de l'Intérieur. Mais Matignon s'y oppose. Et

Michel Péricard se lance dans une diatribe antinationaliste du haut du perchoir de l'Assemblée. Ses propos sont si violents que le Front décide de le punir en allant poser une bombe dans sa commune, à Saint-Germain-en-Laye, dans les Yvelines. Mais Péricard est décédé peu de temps avant l'opération qui a donc été annulée.

Aux législatives de 1997, après la dissolution de l'Assemblée nationale, le Front appuie une troisième fois Jean-Paul de Rocca-Serra, toujours contre Denis de Rocca-Serra allié au MPA et à l'ANC. Le Front ne voulait surtout pas que le MPA ou l'ANC mettent la main sur une ville comme Porto-Vecchio, qui, au niveau de la Corse, joue un rôle important. Et à nouveau, Jean-Paul a été réélu.

Dominique Bucchini
PCF, conseiller territorial, maire de Sartène.

FRANÇOIS SANTONI : C'est un antinationaliste absolu. Mais c'est un homme profondément corse, maire d'une commune ancrée dans la réalité corse. C'est vrai qu'il y a eu beaucoup d'attentats dans sa commune. Mais à aucun moment il n'y a eu de décision du Front d'affaiblir Bucchini par une campagne d'attentats. Sartène a été visée parce que c'est la sous-préfecture et que l'on y trouve de nombreux bâtiments représentant les services de l'État.

Il faut savoir que bon nombre d'attentats commis à Sartène ne sont pas le fait du FLNC, mais l'œuvre d'individus qui ont des différends personnels avec le maire. Quand Dominique Bucchini accuse le Front d'avoir fait sauter la fontaine ou le camion-poubelle de Sartène, tout le monde rigole. Qu'a à voir la fontaine ou le camion-poubelle de Sartène dans le combat nationaliste ? En revanche, lui sait parfaitement qui l'a fait, mais il ne peut pas le dire. C'est que Dominique Bucchini, avec sa réputation de don Juan, s'est attiré beaucoup d'inimitiés.

François Giacobbi
Radical de gauche, décédé le 7 mars 1997, maire de Venaco de 1951 à sa mort, président du conseil général de la Corse de 1959 à 1976, président du conseil général de Haute-Corse de 1976 à 1992, sénateur de la Corse puis de la Haute-Corse de 1962 à sa mort.

FRANÇOIS SANTONI : François Giacobbi fut l'ennemi irréductible du nationalisme. Le Front a eu, par deux fois, l'intention de l'abattre : en 1988 d'abord, en même temps que le préfet Morin. Puis en 1996, lorsque le sénateur Giacobbi s'est lancé dans des appels outranciers à la répression. Le projet a été discuté au sein du Canal historique et avalisé par la direction du Sud. Si François Giacobbi a pu mourir de vieillesse, c'est uniquement parce que les dirigeants bastiais du Canal historique se sont opposés à son exécution.

10.

Le FLNC et l'économie

Si beaucoup d'argent est passé entre les mains de la clandestinité, l'économie corse n'en a guère profité. Les achats d'armes, la rémunération de militants permanents et les dépenses hasardeuses ont englouti d'énormes sommes comme le sable du désert absorbe la première pluie. Mais le Front, qui a toujours considéré le développement économique comme prioritaire, n'a pas profité de sa puissance financière pour tenter de créer des entreprises ou d'implanter des activités durables, à de rares exceptions près. Quel est le bilan de ce secteur ?

JEAN-MICHEL ROSSI : Il n'y a jamais eu d'investissement collectif dans l'économie, il n'y a pas eu profit collectif. Il y a eu simplement une reprise de certaines affaires par des Corses, en quelque sorte une « corsisation » de l'économie coloniale, en employant les mêmes méthodes : horaires de travail extensibles, main-d'œuvre maghrébine sous-payée, etc. C'est ça, la grosse carence du mouvement national dans les dix dernières années.

Dans les années 80, lorsque l'argent de l'impôt révolutionnaire commence à entrer dans les caisses, le projet du Front prévoit de prélever une partie de cette dîme pour promouvoir une économie que l'on n'appelle pas encore « identitaire », mais « autocentrée ». Il s'agit alors de favoriser le développement économique de l'intérieur du pays en soutenant l'artisanat et les activités de moyenne montagne de type élevage. Le Front se penche également sur l'aménagement du territoire et propose de développer certaines activités telles la pêche et l'aquaculture dans les zones côtières afin de contenir l'expansion de l'urbanisation tout en permettant le développement des communes concernées.

Hélas, le peu de réinvestissement qui a été opéré par les nationalistes l'a été dans des secteurs d'activité qui ne correspondaient certainement pas à leur vision initiale du développement économique de la Corse. C'est le cas de Bastia Securita.

En 1984, une société de transports de fonds installée à Bastia périclite. C'est l'époque où se constitue le Syndicat des travailleurs corses, le STC. Le chef d'orchestre en est Bernard Trojani, ancien cadre de l'Organisation communiste internationaliste et délégué par le Front pour organiser la lutte de masse sur le terrain social. Le STC va s'implanter essentiellement là où les syndicats français n'ont pas ou peu d'adhérents, dans le privé. Le STC infiltre donc cette société qui bat de l'aile au point de se retrouver en situation de mettre la clé sous la porte. Sur décision du Front, et sous l'égide des principaux responsables du syndicat, Bernard Trojani, Marie-France Giovannangeli et Antoine Verdi, cette société est reprise sous la forme d'une coopérative ouvrière et devient Bastia Securita.

Lors de la scission de 1990, le secteur de Bastia bascule majoritairement du côté du bloc Cuncolta-FLNC Canal historique, amenant dans son giron Bastia Securita. L'entreprise aux mains de Jean-Martin Verdi restera sous le contrôle étroit du secteur bastiais, et ne parviendra jamais à s'implanter dans le Sud.

Sur le plan du fonctionnement social, l'entreprise est exemplaire jusqu'en 1995. Les bénéfices sont en principe répartis entre les salariés et tout le monde perçoit à peu de chose près le même salaire. Certains mois, des convoyeurs de fonds arrivent ainsi à empocher 15 000 francs. Après 1995, les choses changent, Bastia Securita se transforme en société anonyme, une structure classique d'entreprise capitaliste.

En 1995, pour des raisons comptables, apparaît la nécessité de scinder en deux les activités de Bastia Securita. L'enseigne initiale conserve le transport de fonds, tandis que l'activité de gardiennage passe sous la coupe d'une nouvelle entité, Corse Gardiennage Service. Cela permet accessoirement d'attribuer des places et des salaires à la plupart des cadres du mouvement.

Bastia Securita va en fait constituer une milice parallèle, armée légalement d'une trentaine d'armes de poing, de revolvers de calibre 357, et d'une dizaine de fusils à pompe. BS ne sera jamais attaquée, sauf en de rares exceptions. Ainsi, en 1992, une fourgonnette de BS est braquée à Ghisonaccia. Ce véhicule, qui vient d'être racheté à une société de convoyage de fonds de Corte qui a fait faillite, ne porte pas encore sur sa carrosserie le logo de Bastia Securita. Lorsqu'un commando de six ou sept hommes armés de fusils d'assaut barre la route à la camionnette, le chauffeur ouvre le feu avec son revolver et enfonce la pédale d'accélérateur pour forcer le passage. Les assaillants s'enfuient en abandonnant sur place un talkie-walkie volé en Balagne. Une rapide enquête menée par les militants du Front désigne un individu, Dominique Savelli, comme ayant participé à la tentative de braquage. Savelli est alors condamné à mort par le Front, et le secteur Balagne chargé de l'exécution de la sentence. Inquiets, les braqueurs demandent une entrevue avec des représentants du Front, et rencontrent les Bastiais. Ils font alors état de leur méprise, en raison de l'absence de marquage sur la fourgonnette, en affirmant que jamais il n'avait été dans leurs intentions de s'en prendre à Bastia Securita. L'affaire est considérée comme réglée. En tout cas, la Balagne est priée de ne plus s'en occuper. On peut s'interroger sur la nature du marché passé à l'époque entre cet individu et ses complices d'une part, les dirigeants bastiais d'autre part, ces derniers étant généralement peu enclins à l'humanisme.

Dominique Savelli a été assassiné le 21 juillet 1999 à Belgodère, en Haute-Corse, et sa mort revendiquée par le groupe clandestin Armata Corsa. Selon le communiqué de l'organisation, Savelli s'apprêtait à exécuter un ancien responsable du bloc Cuncolta-FLNC Canal historique en Balagne, pour le compte de commanditaires bastiais.

Par la suite, quelques truands notoires au passé judiciaire chargé seront abattus à titre « préventif », certains ayant été vus en train de faire des repérages sur les trajets des fourgons blindés. L'un d'eux a été tué rue Fesch à Ajaccio. Tout cela fait que personne ne se risque à attaquer BS.

Ce système s'est considérablement affaibli. En 1997, à Ghisonaccia, de nouveau, une fourgonnette est braquée, mais cette fois, le convoyeur est assommé à coups de crosse et l'argent dérobé. Cette agression restera impunie. C'est inquiétant pour la société. Dans le milieu, on commence à penser que derrière Bastia Securita, qui a d'ailleurs changé de raison sociale, il n'y a plus grand monde. Il n'était déjà pas facile, à l'époque de la puissance du Front, de maintenir une sécurité absolue. Aujourd'hui, avec les fractures intervenues dans l'appareil clandestin, certaines démissions, certaines incarcérations de responsables bastiais également piliers de BS, la position risque d'être très difficile à tenir. D'autant que des équipes de voyous se développent.

Bastia Securita, c'est la pompe à fric de la Cuncolta. La société fournissait des emplois, dont un certain nombre totalement fictifs. Les militants du Front qui se sont mis en cavale en 1995, au moment des affrontements, touchaient tous un salaire. BS sert également à beaucoup d'autres choses. À louer des voitures que l'on retrouve parfois sur le lieu d'un attentat, ou à transporter dans les fourgons toutes sortes de choses n'ayant qu'un lointain rapport avec l'objet social de la société.

Le paradoxe, c'est qu'en 1984, lorsque le STC investit Bastia Securita, les slogans de ce syndicat sont « Libération sociale » et « Rupture avec le capitalisme ». Quelques années plus tard, c'est une société contrôlée par les nationalistes qui sert de milice aux banques et transporte l'argent du grand capital. Mais tout le monde s'est bien arrangé de cette situation. Les structures ont besoin de moyens, certains individus sont également en quête d'une existence sociale. Alors que ce n'est tout de même pas très cohérent, pour des gens qui revendiquent l'émancipation économique et le développement identitaire.

Les activités financières

Dans d'autres domaines, l'expérience n'est guère plus probante. La société anonyme Corse Financement Développement (Cofide), créée en 1989 avec la bénédiction de Paris dans le cadre des négociations du statut Joxe, devait être placée sous le contrôle des nationalistes et jouer le rôle de relais financier pour soutenir des activités nouvelles. L'apport en capital initial devait être souscrit par des chefs d'entreprise proches du milieu nationaliste, d'un côté Noël Devichi et Charles Capia, de la société Unigros, de l'autre Jean-François Filippi, patron de Filcar. En fait la Cofide est un échec total. Pourquoi ?

JEAN-MICHEL ROSSI : Toutes les fois qu'un projet de solution politique ou de nouveau statut est en route, une nécessité se fait jour : il faut permettre aux responsables nationalistes, comme aux militants clandestins, d'opérer leur reconversion économique. Les uns, pour asseoir leur crédibilité auprès de leur base dans une négociation, les autres, pour pacifier le terrain en réintégrant dans la société civile les éléments violents.

L'État en est bien conscient, et tâche à chaque fois de proposer les postes nécessaires dans les structures économiques. C'est ce qui a été fait une première fois en 1982 et de façon plus systématique en 1989. En 1989, après une réunion entre Antoine Verdi, représentant de la Cuncolta, Noël Devichi, chef d'entreprise, et le cabinet Joxe, germe l'idée d'une société d'investissement et de développement économique. Ainsi naît la Cofide, qui doit rapidement soutenir des projets viables, un peu partout en Corse, projets qui vont à la fois servir de locomotive au développement économique et créer les emplois nécessaires à la reconversion politique et économique des combattants. En fait, l'idée avorte assez vite après un soutien très limité à de rares projets. Sa capitalisation initialement prévue à hauteur de 4 millions de francs ne sera même jamais réalisée entièrement.

L'une des raisons conjoncturelles de cet échec est sans doute la scission de 1990 dans le mouvement national. En effet, tous les militants de la nouvelle branche Cuncolta-FLNC canal historique reçoivent la consigne d'adhérer à une autre société, Femu Qui, qui s'est constituée sous l'égide de l'Union du peuple corse des frères Simeoni. Femu Qui en appelle habilement à l'épargne populaire, en mettant en vente des actions au prix de 700 francs, et à titre symbolique, le bloc Cuncolta-Canal historique demande à chaque militant d'investir dans cette société. Ce qui sera fait, sans qu'une stratégie à moyen terme soit mise sur pied. Résultat, les militants ne vont pas s'investir personnellement, n'iront pas aux assemblées générales, et laisseront Femu Qui devenir ce qu'elle est aujourd'hui, une banque classique, garantie par la Caisse de développement économique de la Corse et la Caisse des dépôts et consignations. C'est peut-être pour cela d'ailleurs que la société fonctionne aujourd'hui plutôt bien et soutient des projets qui relèvent formellement d'une économie identitaire.

Certains ont toutefois su tirer parti de la situation à titre personnel. Des militants du MPA ont été en contact étroit durant la période de préparation du statut Joxe avec de riches et puissants associés dans la grande distribution en Corse. Fort de ces liens, les membres du MPA se lancent dans la production de cierges. Leur ciergerie, implantée à côté de Bastia, connaît un développement extraordinaire, et fabrique assez de cierges pour éclairer toute la chrétienté. Mais ils ne connaissent visiblement pas de problèmes de débouchés : toute leur production est achetée par leurs relations dans la grande distribution. Le bloc Cuncolta-FLNC Canal historique, qui surveille toujours d'assez près les activités du clan adverse, cherche alors à en savoir plus. Un renseignement anonyme le met sur la piste d'un hangar quelque part dans les Bouches-du-Rhône, au siège d'une société de distribution appartenant auxdits associés. Des militants du Front s'y rendent, fracturent la porte et découvrent des milliers et des milliers de cierges invendus et stockés. Le Front a un temps pensé à raser le hangar, avant de décider qu'après tout, cela ne le regardait pas.

L'agriculture

Si le FLNC recrute dans tous les milieux, son fer de lance a toujours été les agriculteurs les plus radicaux du Fiumorbu, cette région de la plaine orientale située vers Ghisonaccia. Pourtant, dans le domaine agricole, là encore, le Front n'est pas parvenu à initier de projets exemplaires. Est-ce par choix ?

JEAN-MICHEL ROSSI : Le Front ne s'est pas investi dans l'agriculture. Il a simplement permis parfois le rachat ou la confiscation de propriétés par des Corses. Ainsi le domaine d'Alziprato, à Calenzana, avait été racheté dans les années 70 par une grosse fortune, le baron de la Grange. Pour une somme modique, Maurice Acquaviva avait initialement obtenu du propriétaire le droit d'exploiter la moitié du domaine, dans laquelle il cultivait la vigne. En novembre 1987, son fils Jean-Baptiste, militant du FLNC, est abattu lors d'une opération du Front contre un agriculteur rapatrié d'Afrique du Nord. Cette mort est commémorée chaque année, et c'est lors d'une de ces cérémonies, deux ou trois ans après, sur le domaine d'Alziprato, que Maurice Acquaviva proclame solennellement que cette terre appartient au peuple corse, et s'y installe définitivement. Mais à notre connaissance, aujourd'hui, l'exploitation n'est en rien gérée de manière collective, pas plus que la récolte de vin ou le produit de sa vente ne sont répartis équitablement entre ceux qui lui ont permis de s'approprier ce domaine pour zéro franc. Ce qui n'empêche pas Maurice Acquaviva de se rendre sous le chapiteau des journées internationales de Corte pour prendre la parole et énumérer les « cagades » qu'aurait commises le mouvement national. Nous en connaissons au moins une, c'est de lui avoir permis de s'approprier ce domaine sans garantie aucune pour le mouvement et pour notre peuple.

Un autre exemple d'envergure concerne le domaine de Pinia, situé près de Ghisonaccia, en plaine orientale, récupéré manu militari par Mathieu Filidori, Gérard Serpentini et quelques autres, avec l'aval du FLNC et après expulsion par celui-ci des rapatriés qui exploitent les terres.

Extrait du rapport parlementaire « Corse, l'indispensable sursaut », dirigé par Jean Glavany et publié le 3 septembre 1998, à propos du domaine de Pinia :

« Ce domaine, exploité d'abord par des agriculteurs rapatriés, a été occupé en 1979 par un groupe d'éleveurs corses. Le domaine a alors été racheté par une filiale du Crédit agricole, la Segespar, qui l'a d'abord donné à bail à la Safer. Devant l'impossibilité de l'allotir, celle-ci suspend le bail. En 1985, la Segespar la donne à bail à la SCA Di a Pieve di castellu, fondée par des militants nationalistes et dont le gérant est Mathieu Filidori. Cette société a bénéficié d'importants crédits de la caisse régionale du Crédit agricole, de subventions publiques ainsi que des " mesures Balladur " et Juppé [...]. »

La remise en route de l'exploitation demande de gros investissements, des crédits sont demandés et obtenus auprès des banques, qui s'engagent à verser

4,5 millions de francs, à raison de 1,5 million par an pendant trois ans. Mais en 1988, lorsque la première tranche du prêt est versée par la banque, le Front se rappelle au bon souvenir des occupants et exige sa part, 500 000 francs. Le FLNC réitérera ses exigences sur les deux tranches suivantes du crédit. Cette ponction exorbitante, ajoutée à une mauvaise gestion, aura raison de l'expérience.

La filière porcine

Le bloc Cuncolta-FLNC Canal historique, qui n'a pas réussi en agriculture, n'est pas plus performant en élevage, malgré la détermination de l'un de ses membres à développer l'élevage porcin en Corse-du-Sud. Depuis des années, Marcel Lorenzoni dénonce l'importation de carcasses de porcs hollandais pour la fabrication de la charcuterie corse, et tente d'implanter des porcheries industrielles. Ce militant ne semble guère avoir été entendu par le Front.

FRANÇOIS SANTONI : Le Front n'a jamais cru à cette filière porcine industrielle, en totale opposition avec la notion de produit identitaire. Il a fait lanterner le militant et ses demandes pressantes, en évitant de créer des tensions avec les initiateurs du projet. Pour la forme et pour sauver les apparences, un représentant du Canal historique a tout de même rencontré le président de l'Assemblée de Corse Jean-Paul de Rocca-Serra, dans sa mairie de Porto-Vecchio, afin de lui demander un vote favorable de l'Assemblée sur une demande de subventions pour le projet. Celui que tout le monde appelait le renard argenté a bien rigolé, et il a donné le petit coup de pouce qu'il fallait, sachant que c'était sans risque. L'Assemblée pouvait toujours voter le principe d'une aide de 8 millions au projet, la règle voulait que l'argent ne soit versé qu'une fois le financement global bouclé. C'est-à-dire une fois que l'État, sollicité largement, aurait débloqué sa part. Cet événement étant plus que susceptible de ne jamais se produire, on pouvait faire ce petit plaisir aux militants de la filière porcine.

La seule intervention énergique du Front dans ce dossier s'est faite contre une possibilité de financement. Plusieurs des tenants de cette filière porcine avaient contacté Lillo Lauricella, le promoteur italien installé dans l'île de Cavallo et connu pour ses liens avec la Mafia italienne. Là, le Canal historique a mis son veto. Sans en parler aux gens de la filière porcine, le Front a rencontré Lauricella et l'a mis en demeure de refuser toute aide à la filière porcine. Il n'était pas question que la Mafia mette son argent dans un projet mené par des nationalistes sincères, même s'ils ne sont pas très réalistes.

Durant l'été 1995, Marcel Lorenzoni met à profit ses liens avec nous pour prendre contact avec le ministère de l'Intérieur, sans nous en informer. Il demande un rendez-vous, et bien sûr, le contact place Beauvau demande s'il faut ou non le recevoir. Nous disons oui, par curiosité. Marcel monte à Paris, où il est reçu par Daniel Leandri au ministère de l'Intérieur. Lorenzoni lui expose son projet, et demande que l'État apporte les 50 millions nécessaires. Le brave Leandri, comme à son habitude, prend des notes en hochant la tête, et en répétant « O.K., O.K., O.K. ». Le dossier doit toujours être au fond d'un tiroir du ministère.

Lorenzoni a obtenu une subvention de 700 000 francs de la Collectivité territoriale, pour financer une étude de faisabilité sur sa filière porcine. L'étude a été confiée au bureau d'études Royan. Mais c'est bien le seul argent qu'il a pu tirer de son projet, malgré toutes ses tentatives.

En janvier 1998, Marcel Lorenzoni démissionne de la Cuncolta et crée son propre mouvement, le Collectif pour la Nation. À cause de l'histoire des cochons, selon vous ?

FRANÇOIS SANTONI : Non, certainement pas. Marcel Lorenzoni a simplement une stratégie personnelle. Pendant des années, Poggioli a soigneusement évité que Lorenzoni n'intègre les structures publiques, et *a fortiori* les structures clandestines. Il a toujours estimé que Marcel était un élément déstabilisateur et complètement négatif. En 1990, au moment de la scission, nous avons fait du remplissage pour regarnir les rangs militants. J'ai trouvé l'individu sympathique, je lui ai permis d'intégrer la Cuncolta et je l'ai poussé jusqu'aux plus hautes instances de l'exécutif. C'est une grosse erreur.

À mesure qu'il a pris du poids dans les structures, Lorenzoni s'est surtout attaché à appuyer sa propre ligne, sans tenir compte de la ligne majoritaire, et à pousser ses propres projets économiques. Il y a la filière porcine, bien sûr, mais il y a eu d'autres aberrations, comme cette idée qu'il a eue de vouloir faire acheter par le Front un cargo rouillé qui pourrissait quelque part dans le port de Hambourg, pour faire du transport maritime et concurrencer la SNCM. Personne n'a jamais donné suite à cela. Mais il aurait fallu mettre très vite un terme à ses délires.

En 1993, le Front demande son exclusion du mouvement public. Je m'oppose alors à toute la direction du FLNC, allant jusqu'à faire du chantage, menaçant de m'adresser à toute la base auprès de laquelle Marcel possède un vrai capital de sympathie. Lorenzoni n'est pas exclu, c'est encore une erreur de ma part.

Le Front a toujours refusé de le financer. Le Front a refusé aussi de le salarier en tant que permanent, malgré ses demandes. J'ai quand même obtenu que l'association Patriottu à Ajaccio lui verse un salaire de permanent de 7 000 francs par mois, sans l'accord du FLNC.

J'ai coupé tout contact avec lui après la mort de Jules Massa, en février 1996. Si Jules est resté à Ajaccio, pendant la période des affrontements avec le bloc MPA-Canal habituel, c'est notamment parce que Marcel a fait le forcing auprès de lui et d'autres, en disant qu'il ne fallait pas déserter le bitume ajaccien, qu'il fallait chaque jour remonter le cours Napoléon et s'afficher en ville. Seulement, il n'a jamais dit aux autres que lui s'était arrangé, dès le début des affrontements, avec la partie adverse, et qu'il ne risquait rien. Il a abusé les militants.

Marcel Lorenzoni est quelqu'un qui oublie facilement. Il oublie qu'après la mort du président de la chambre d'agriculture, Lucien Tirroloni, assassiné en décembre 1990, il a fallu que je me porte garant auprès de la famille pour l'assurer qu'il n'avait rien à voir dans cette histoire. Il a fallu ensuite que ce soit moi qui organise la rencontre entre le secteur de Sagone et l'actuel président de la chambre d'agriculture, René Modat, dans la maison de Marcel Lorenzoni, pour régler un différend. Je me suis d'ailleurs trouvé en porte à faux, puisque je pensais qu'il s'agissait d'une réunion d'apaisement, alors que René Modat a été carrément menacé. Il a ainsi fallu que je me dresse contre les miens, trouvant inadmissible que l'on puisse menacer quelqu'un que l'on invite à une discussion.

Il oublie de dire aussi que s'il a démissionné de la Cuncolta, c'est parce qu'on lui a refusé d'intégrer la direction du FLNC. Le problème de Lorenzoni a toujours été de s'emparer du canal d'authentification des revendications, pour revendiquer des actions plus personnelles que politiques. La détention du canal d'authentification exige une extrême rigueur. On a pu voir, alors que les quatorze militants interpellés à Sperone étaient encore en garde à vue, certains individus membres du Front participer à l'incendie d'une dizaine de bateaux de plaisance dans le port d'Ajaccio. Puis venir réclamer à la direction du Front la revendication de cette action, au nom de la lutte contre la spéculation immobilière. La réponse a bien entendu été négative. Il ne s'agissait en fait que d'une affaire de concurrence commerciale d'ordre strictement privé. Les bateaux appartenaient à une société de location, laquelle possédait également une dizaine d'autres embarcations dans le cap Corse, et cette société faisait certainement de l'ombre à quelqu'un.

11.

Le FLNC, la presse, les francs-maçons et l'opinion

Le Front et la presse

La clandestinité armée a largement utilisé la presse pour tenter de faire passer ses messages. En vingt ans, les différentes factions nationalistes ont multiplié les conférences de presse dites « clandestines », organisées la plupart du temps en pleine nuit et dans le maquis. La mise en scène toujours spectaculaire, avec militants cagoulés, étalage d'armes et de matériel, témoigne d'un soin particulier en ce domaine, même si le résultat obtenu n'a pas toujours été à la hauteur des attentes. Le spectacle a sans doute souvent contribué à crisper l'opinion française envers ces bandes défiant la loi. Quels rapports le FLNC Canal historique a-t-il entretenus avec les médias ?

JEAN-MICHEL ROSSI : Sauf en de très rares périodes, le mouvement national corse a été peu performant dans le domaine de la propagande, qu'il est convenu d'appeler maintenant communication. Le FLNC, pour sa part, n'a bénéficié de couvertures médiatiques favorables que lors de ses campagnes contre la bétonisation des côtes et, de façon plus timide, contre la drogue. Évidemment, ce sont des thèmes qui passent mieux que la lutte contre les « allogènes ». Bien souvent, nous sommes un peu puérils, et nous nous imaginons que les journalistes sont là pour nous servir la soupe. Alors qu'à de rares exceptions près, ils tiennent le discours dominant du moment. On le voit aujourd'hui, où beaucoup sont convertis à l'autonomie parce que c'est la ligne dictée par Matignon. Les mêmes, quelques mois auparavant, étaient pour le bâton de la répression lorsque le préfet Bonnet était en poste à Ajaccio. Il s'agissait donc pour nous d'être le moins mauvais possible au niveau médiatique, et nous n'y sommes parvenus que trop rarement. L'affaire catastrophique pour le bloc Cuncolta-FLNC, c'est la mort de Robert Sozzi (voir chapitre 12), durant l'été 1993. C'est à partir de là qu'une majorité de la presse française a commencé à se dresser contre nous et que des articles critiques extrêmement radicaux ont été publiés.

Le *Ribombu* est l'organe de presse proprement Cuncolta, chargé de véhiculer son message. Les orientations éditoriales sont en fait définies globalement lors de l'assemblée générale, et à titre plus indirect par les réunions ou les communiqués du Front. La seule règle intangible prévoit qu'en cas de communication du Front, celle-ci s'impose à la une du journal.

À plusieurs reprises, le journal U Ribombu *et vous-même avez été poursuivis devant les tribunaux, en*

Corse et à Paris, et condamnés à divers chefs, notamment pour des diffamations et des injures. C'est le lot de tout organe de presse. Toutefois, les termes employés par le Ribombu *sont souvent sans commune mesure avec ce que l'on peut lire habituellement dans les journaux d'information ou d'opinion, hormis ceux de l'extrême droite. Pourquoi ?*

JEAN-MICHEL ROSSI : Le *Ribombu* relève de la presse militante et, selon nous, d'un genre malheureusement en voie de disparition : la presse polémique. Pour ce qui est des écrits de l'époque, je les assume. Je me suis trompé certainement plus d'une fois. J'ai été peut-être trop systématique, certains disent dogmatique. Mais il ne faut pas oublier que lorsque je prends la rédaction en chef du journal, en 1996, on est en pleine période d'affrontement. Il faut galvaniser les troupes, et pour cela, « tirer » sur tout ce qui peut ressembler à l'ennemi. En ce qui concerne le contentieux avec *Libération*, je ne regrette pas mes critiques car c'est un journal trop révérencieux vis-à-vis du pouvoir. Quant aux attaques que j'ai pu mener contre vous, je considère que j'ai fait fausse route dans bien des cas. Certes, vous avez commis l'erreur d'incarner l'anti-Corse, mais je sais aujourd'hui que c'était de bonne foi. À l'époque, nous avons réellement cru à un complot dont vous auriez été, sinon le maître d'œuvre, du moins la plume la plus virulente.

Tout cela démontre bien que le mouvement a une mauvaise maîtrise de l'outil de communication. C'est d'ailleurs l'une des raisons de l'échec de la conférence de presse de Tralonca, en janvier 1996. La méconnaissance de la part des organisateurs du choc que produiront les images de centaines d'hommes en armes dans le maquis sur l'opinion nationale et internationale fait capoter le processus.

Ce que le mouvement national n'a jamais réussi à comprendre, c'est qu'il faut, pour les médias et l'opinion, délivrer un message qui soit efficace et percutant, pas forcément spectaculaire. L'erreur du mouvement a été de croire que l'habillage médiatique fait la force du message, et d'en vouloir à la presse lorsqu'elle ne va pas systématiquement dans le sens que l'on attend d'elle. C'est de là que ces rapports schizophrènes se sont développés : d'un côté on court après les journalistes pour avoir accès aux micros, de l'autre on leur tape dessus quand le résultat de la médiatisation n'est pas celui que l'on espérait, voire se traduit par de spectaculaires retours de bâton. On l'a vu après Tralonca ou après l'affaire de *Libération*.

Aujourd'hui, d'anciens combattants du nationalisme, et parfois non des moindres, sont journalistes à visage découvert dans de grands organes de presse. S'agit-il d'une stratégie du Front ?

JEAN-MICHEL ROSSI : Il n'y a pas eu de stratégies d'infiltration de militants nationalistes dans la presse locale ou nationale. Il y a des individus qui s'y sont recasés, c'est vrai, après un passage dans les rangs nationalistes. Jean-Vitus Albertini et François Torre ont ainsi été recrutés par FR3 Corse, peut-être par souci de récupérer des gens qui naguère ont eu des positions extrêmement radicales. Il y a aussi dans tous les organes de presse des journalistes qui ont des sympathies ou des accointances avec des militants nationalistes de tous bords. La presse corse a de ce fait une approche beaucoup plus circonspecte des affaires un peu sensibles. Lorsque quelqu'un est abattu, c'est toujours quelqu'un de très gentil, qui n'avait que des amis. Pas question d'évoquer le moindre scandale. Tout se dit à mots couverts. C'est pour cela que la presse française a un rôle important à jouer. Il est nécessaire qu'elle intervienne sur la question corse, car elle seule peut dire des choses et lever certains lièvres.

Le choix du correspondant qui détient le sacro-saint canal d'authentification se fait à partir d'un rapport personnel entre le militant et le journaliste. Une confiance d'ailleurs parfois bien mal placée puisque, au début de l'année 1998, l'un d'entre eux, détenteur du code du Canal historique, a remis à la police judiciaire de Bastia l'original d'un communiqué du Front. Ce qui a permis aux enquêteurs de relever les empreintes digitales de l'individu qui le lui aurait remis. Ce dernier s'est retrouvé avec deux mises en examen pour complicité. Nombre de journalistes doivent pourtant leur carrière, ou pour le moins une promotion au sein de leur organe de presse, au fait d'avoir été à un moment donné les correspondants de telle ou telle organisation clandestine. Cela a aidé beaucoup de gens.

Certains journalistes ont eu des rapports particuliers avec la clandestinité. Ne parlons pas de ces quelques conférences de presse clandestines « bidon », organisées pour satisfaire des télévisions. Ni de ce journaliste qui n'a pas honoré sa corporation le jour où il est venu demander s'il pouvait assister à une « exécution ». Il y a aussi ce photographe d'agence qui a largement arrondi ses fins de mois et qui s'est assuré une certaine promotion grâce à ses clichés de clandestins cagoulés et armés, dans les années 95 et 96. Il a effectué deux ou trois reportages, sur des prétendues séances d'entraînement. Il a également fait une série de photos censées représenter la préparation d'un attentat, où l'on voit quelques personnages cagoulés réunis autour d'une table en train d'examiner un plan. Il s'agissait en fait, à chaque fois, d'exhibitions complaisamment organisées par le FLNC historique à la demande du photographe. Ce photographe s'en est allé lorsque les dirigeants bastiais lui ont demandé de reverser une partie des bénéfices tirés de la vente de ses photos dans les caisses de l'organisation, via l'association de soutien aux prisonniers Patriottu. Cette pratique ne date pas d'hier, puisque dans les années 80, un hebdomadaire avait publié l'une des premières photos du Front, prise avec la « collaboration » du secteur d'Ajaccio, sous la direction de Pierre Poggioli. Pour réaliser ce cliché, le photographe avait versé à l'époque 10 000 francs.

À plusieurs reprises, des attentats ont visé des organes de presse en Corse. Le 9 décembre 1992, à Ajaccio, les vitrines de Corse-Matin, *édition locale de* Nice-Matin, *sont soufflées par une explosion. L'atten-*

tat est revendiqué par le Front armé révolutionnaire corse (Farc), et condamné par la Cuncolta. Le 11 août 1994, à Ghisonaccia, l'agence de Corse-Matin *est plastiquée. À l'automne 1997 c'est la radio locale de Radio-France, RCFM, à Ajaccio, qui saute. Des journalistes corses ont parfois été menacés sans qu'ils en fassent état publiquement, d'autres pris à partie violemment dans des articles du* Ribombu. *Comment jugez-vous ces comportements ?*

Pour nous, il ne s'agit en aucun cas de décisions structurelles. Les attentats ayant visé les agences de *Corse-Matin* ne sont pas le fait du FLNC. Ce qui ne signifie pas forcément que des militants ou des proches de cette organisation n'y ont pas prêté la main, parfois pour des raisons strictement personnelles. En tout cas, de tels agissements n'ont pu se produire qu'à l'insu de la direction et de la majorité des militants, bien conscients qu'on ne saurait infléchir la ligne éditoriale d'un journal à coups de bombes.

En revanche, certains responsables de la proche région d'Ajaccio, de mentalité putschiste, ont toujours été persuadés que l'Histoire n'avance qu'à coups de massue. On peut d'ailleurs observer qu'un attentat spectaculaire contre *Corse-Matin* intervient dans le contexte troublé des mois qui ont précédé l'assassinat du préfet Erignac, après l'attaque de la gendarmerie de Petrusella, et alors qu'une grave crise vient d'éclater au sein de Corsica Nazione, crise qui débouchera sur la création du Collectif pour la Nation, puis du Parti pour l'indépendance.

Quant aux attaques, parfois virulentes, publiées dans *U Ribombu*, et dont j'ai tenu à assumer la responsabilité bien qu'elles ne soient pas toutes de mon fait, j'affirme qu'elles m'étaient inspirées, sinon dictées, par la direction et l'immense majorité des militants. L'entourage italianisant de Jean-Guy Talamoni, notamment, se régalait de mes diatribes, pensant y trouver des connotations antisémites, voire fascisantes, en parfait accord avec leur conception ethniciste et foncièrement conservatrice de la lutte corse.

Je regrette sincèrement d'être tombé plus souvent qu'à mon tour dans le piège de polémiques douteuses, qui ne peuvent s'expliquer, sinon se justifier, que par l'ambiance passionnée du moment.

Le FLNC et la franc-maçonnerie

La franc-maçonnerie a joué un grand rôle dans la préparation du statut Joxe en 1990. Elle a en particulier servi de lien entre le monde nationaliste et le gouvernement. Quels ont été, à votre connaissance, les rapports entre la clandestinité et les francs-maçons ?

JEAN-MICHEL ROSSI : Dans les années 80, le FLNC a décidé, au travers des liens étroits qu'il a avec les milieux socialistes francs-maçons, notamment à Bastia, d'infiltrer un certain nombre de militants et de cadres dans la franc-maçonnerie. Cet investissement, conçu dans une perspective à long terme, devait déboucher, dans l'esprit de ses promoteurs, sur une prise de pouvoir économique. Les gens qui sont introduits sont tous des chefs d'entreprise ou des gens qui ont une vision essentiellement économiste de l'évolution de la Corse, Antoine Verdi et Étienne Lovisi à Bastia, en Balagne un certain Richard Renucci, artisan ébéniste, et d'autres. Tous ont intégré le Front et la Cuncolta dans les années 80, sans que l'on ait jamais entendu parler d'eux avant. Leur image sociale, moins entamée que d'autres qui ont plutôt le profil du militant pur et dur, leur vaut d'être choisis pour cette opération d'infiltration. Une bonne trentaine de militants sont intégrés chez les francs-maçons, essentiellement dans les loges du Grand Orient de France.

Il est alors prévu que les infiltrés feraient des comptes rendus réguliers sur l'opération et les résultats qu'elle était censée produire. Mais comme toujours, au bout d'un certain temps, les responsables de cette manœuvre obtiennent, par laisser-aller, une totale autonomie d'action.

Jusqu'à l'obtention du statut Joxe, cette stratégie produit des bénéfices substantiels. Antoine Verdi, intégré au Grand Orient, y rencontre Noël Devichi, l'un des responsables du groupe de grande distribution Casino. C'est Devichi qui organisera la rencontre de Verdi et de Pierre Joxe, avant que les contacts ne prospèrent. Le profit le plus visible de cette collaboration est le montage en 1989-1990 d'une société de développement de type capital-risque, appelée la Cofide. Elle a surtout permis la fortune de ses promoteurs, Étienne Lovisi et Antoine Verdi. Quant à Richard Rennucci, modeste artisan, il parviendra à ouvrir dans son village de Nessa un luxueux restaurant gastronomique.

Après la scission de 1990, le FLNC Canal historique n'a officiellement pas de stratégie particulière vis-à-vis de la franc-maçonnerie. Les Bastiais gardent des contacts, dont on ne saura jamais jusqu'où ils sont allés.

Plus récemment, des intégrations se sont faites, à titre individuel. Jean-Guy Talamoni, élu de Corsica Nazione à l'Assemblée de Corse, est ainsi devenu un « frère », par l'intermédiaire d'un journaliste de la station locale de Radio-France RCFM à Bastia. Ce journaliste a rejoint la Cuncolta en 1993. Mais loin de relever de l'infiltration, nous sommes cette fois devant le processus inverse. À savoir, des gens qui, au travers du nationalisme, ont acquis une surface sociale et une reconnaissance institutionnelle, et qui voient leur adhésion à la franc-maçonnerie comme un accomplissement de leur carrière. Il est possible aussi qu'ils espèrent mettre à profit cette appartenance pour nouer des contacts en vue d'une évolution statutaire de la Corse, mais il ne s'agit plus d'une démarche concertée, simplement d'initiatives individuelles où patriotisme et carriérisme font désormais bon ménage.

Le Front et l'opinion corse

La société corse a souvent proclamé son rejet de la violence, lors de grandes manifestations dans les rues de Bastia et d'Ajaccio. Elle n'a en revanche jamais clairement condamné les organisations clandestines en tant que telles. Comment expliquez-vous un tel paradoxe ?

FRANÇOIS SANTONI ET JEAN-MICHEL ROSSI : La lutte clandestine corse bénéficie depuis toujours d'un réel soutien populaire et affectif, qui tient à ce qui reste de notre culture. La meilleure illustration de ce rapport ambigu entre les deux mondes remonte aux années 80. Il existe alors un mouvement antinationaliste, la Corse française et républicaine, qui se transformera ensuite en Rassemblement pour la Corse française. Il est présidé par un homme extrêmement rigoureux et intransigeant, souvent exalté, le colonel Villanova. En 1988, nous sommes en pleine période Pasqua première manière au ministère de l'Intérieur, et la répression fait rage. Une demi-douzaine de militants en fuite sont recherchés et leur tête mise à prix un million de francs chacun. Durant le premier semestre, le groupe des fugitifs décide de s'attaquer à toutes les gendarmeries de Corse et de les mitrailler chacune son tour. Le groupe passe d'un endroit à l'autre, aidé à chaque fois par la logistique locale pour réaliser ses actions. Après les premières attaques, les gendarmes remarquent que les assaillants se déplacent dans une sorte de mouvement tournant, et finissent par deviner les prochaines cibles. Résultat, le commando qui attaque un soir la gendarmerie de Serra-di-Scopamena est attendu par un comité d'accueil et les choses tournent mal. Le commando est pris en chasse et contraint d'abandonner précipitamment son campement dans lequel des armes sont saisies. Les militants s'enfuient dans le maquis comme ils peuvent. L'un des fugitifs frappe alors à la porte d'une maison, et se retrouve face à face avec l'un des plus virulents membres du Rassemblement pour la Corse française, qui est de surcroît un ancien militaire. Sous l'effet de la surprise, le militant a un mouvement de recul et dit : « Bon, écoutez, je m'en vais. » L'homme en face de lui répond : « Pas question, tu entres et tu repartiras demain matin quand tu auras mangé et que tu te seras reposé. Parce que moi, je te combats, je combats le projet que tu défends pour la Corse, mais aujourd'hui, tu es sous mon toit, tu es sacré, et je ne te livrerai pas aux gendarmes. » Ça, c'est la Corse.

Cette solidarité, le système répressif français ne peut pas la comprendre. Il classe les gens en terroristes, sympathisants du terrorisme et citoyens loyaux. À ce compte-là, il ne peut faire qu'une grave erreur. L'individu poursuivi et recherché est protégé par ce qui reste du corps social corse, quelle que soit l'infraction qu'il commet.

Il y a toujours eu une sorte de complicité tacite entre le Front et notre peuple. C'est ce qui a permis au Front de se développer. Des armes ont été données par des personnes qui n'avaient rien à voir avec le nationalisme, comme d'anciens militants communistes qui avaient fait la Résistance et avaient conservé quelques « souvenirs ». Estimant qu'ils ne pouvaient pas faire autre chose, ils vidaient leurs greniers. Le Front a commencé avec des fusils de chasse et les stocks de la Seconde Guerre mondiale. Des gens qui ne pouvaient pas s'investir dans la lutte ont donné armes et argent. Des citoyens insoupçonnables ont caché des militants recherchés. Et beaucoup de Corses, qui auraient voulu être clandestins et ne pouvaient pas l'être, ont en quelque sorte compensé en aidant. C'est ce qui a permis au Front de tenir, à une époque où il ne disposait encore d'aucun moyen.

La plupart des dénonciations à la police proviennent soit de non-Corses, soit plus fréquemment de personnes qui sont à l'intérieur de l'organisation ou qui en ont été proches et qui règlent des comptes, comme dans toutes les luttes clandestines. Les meilleurs résultats en matière de répression sont obtenus par le retournement de militants. Ainsi en ce qui concerne l'affaire Erignac, l'information initiale qui a permis de remonter jusqu'aux auteurs présumés de l'assassinat a été sans aucun doute livrée par quelqu'un qui appartenait ou avait appartenu jusqu'à une période très récente à ce groupe pourtant apparemment très fermé.

Évidemment, il y a eu de nombreuses tentatives d'infiltration d'informateurs policiers au sein du Front. Ils ont en général tous été repérés assez vite et écartés. Un seul, Dominique Rossi, a été abattu le 9 janvier 1992 à Ajaccio car il avait réussi à infiltrer le mouvement à un très haut niveau. Il avait de grosses responsabilités militaires dans la région d'Ajaccio, ce qui lui permettait d'entrer en contact avec les plus hauts représentants du Front et d'avoir accès à une grande quantité d'informations.

Des responsables du Front ont été alertés de la présence d'un indic au sein du FLNC, avec assez de détails pour identifier Dominique Rossi. Ces informations n'ont fait que confirmer les soupçons qui pesaient sur lui depuis longtemps. Il y a d'abord eu le changement de train de vie de cet homme. Lorsqu'il était en prison, sans aucune aide extérieure, il vivait vraiment misérablement. Et voilà qu'à sa sortie, lors de l'amnistie de 1989, il s'achète un gros 4 × 4 blanc à 200 000 francs et un camion neuf. Puis il y a la nuit du 2 au 3 janvier 1991. Ce soir-là, le FLNC Canal historique réalise sept opérations simultanées contre des installations touristiques. Dominique Rossi l'ignore. Il ne connaît qu'un seul objectif, celui qui a été assigné à son secteur, le secteur G. Lui et ses amis doivent plastiquer les bungalows d'un village de vacances non loin de Porto-Vecchio, baptisé le village des Allemands. Dominique Rossi a balancé l'opération à son officier traitant, l'inspecteur J., de la police judiciaire d'Ajaccio. Le Raid a été mobilisé et est en position autour de l'objectif. La consigne est stricte. Ils doivent arrêter le commando lorsqu'il quitte les lieux, en prenant soin de laisser passer le premier véhicule de la colonne. Le premier véhicule, c'est le 4 × 4 blanc de Rossi.

Mais les choses basculent lorsqu'un autre commando du FLNC qui a investi un village de vacances à Linguizzeta, au-dessus d'Aléria, est repéré par une patrouille de gendarmes. L'alerte est donnée et les autorités demandent aux gendarmes de ne pas intervenir en attendant l'arrivée du Raid. Les militants du FLNC disposent d'un scanner qui écoute les fréquences de la police. Ils entendent alors le Raid annoncer qu'il s'est trompé d'objectif et qu'il file sur Linguizzeta. Ils sont tellement sûrs de leur informateur qu'ils ne pensent pas un seul instant à des opérations simultanées, mais à une erreur de localisation. Leur départ a permis au groupe de Dominique Rossi, qui était à l'intérieur du village des Allemands en train de poser des charges, de tout faire sauter et de filer sans être inquiété. Quant au commando de Linguizzeta, il a tranquillement pris la poudre d'escampette, alors que les gendarmes étaient consignés l'arme au pied à quelques centaines de mètres d'eux. Lorsque le Raid est arrivé, le commando était déjà loin.

La police judiciaire d'Ajaccio lui fournit à peu près tout ce qu'il veut. Dès que les gens de son secteur ont besoin de quelque chose, il est là. Une voiture volée ? Pas de problème. Une moto volée ? Facile. Des armes, de l'explosif ? Rossi répond toujours oui à tout. Et pour cause. La police ne mesure pas sa générosité et donne tout ce qu'il demande sans discuter. Il s'agit, pour son officier traitant, de transformer le militant Rossi en un personnage central, de le rendre indispensable de façon à lui faire grimper des échelons dans la hiérarchie et l'amener à une place stratégique dans l'organisation. Pour l'aider à asseoir sa crédibilité, la police lui permet de mener ses propres opérations. C'est lui qui attaque un semi-remorque appartenant à la Socordis, une société de grande distribution en Corse-du-Sud sous l'enseigne Corsaire. Il s'agit d'une affaire de « récupération d'argent », comme on dit, le camion est brûlé. Rossi n'est pas inquiété.

Cette tactique porte ses fruits. Dominique Rossi devient un personnage, presque un mythe. Son nom de code, l'« Ange », est prononcé avec un mélange de respect et d'admiration. L'Ange est le militant parfait, qui peut tout faire et qui devient incontournable. Au point, comme le veut son officier traitant, d'être informé des décisions importantes.

C'est Dominique Rossi qui fait capoter la tentative d'élimination du colon Roussel, ce fermier chez qui Jean-Baptiste Acquaviva est assassiné en 1987 au cours d'une opération du FLNC. À la suite de cette affaire, Roussel a quitté la Corse, mais grâce à un informateur le Front réussit à retrouver sa trace sur la côte et décide de le tuer. Une équipe part sur le continent et doit profiter du voyage de Roussel, qui se rend à un mariage à Montpellier, pour passer à l'action. Mais très vite, le commando du Front s'aperçoit qu'il est repéré et décroche. Rossi avait vendu la mèche.

Il est grillé avec certitude le jour où la direction du Front lui demande d'organiser une réunion du Consigliu dans un endroit précis. Ces réunions ont toujours lieu en plein air, jamais dans une maison. Il lui revient donc d'aller repérer soigneusement les lieux. Mais lorsqu'il s'y rend, des militants du Front sont cachés dans le maquis avec des jumelles. Et ils voient arriver Rossi en compagnie d'inspecteurs de la police judiciaire chargés de mettre en place un système d'écoutes et de caméras.

En fait, Rossi a été sciemment « balancé » au Front par les personnes qui le manipulaient. Elles voulaient ainsi faire monter la pression, et convaincre Rossi, une fois démasqué, qu'il allait mourir et qu'il n'avait plus le choix : il devait se mettre à table en échange de la protection de la police. Les aveux du « repenti » auraient permis de démanteler la quasi-totalité de l'organisation.

L'assassinat de Dominique Rossi n'a jamais été revendiqué. Le Front a sans doute estimé que l'ensemble du mouvement risquait d'être déstabilisé en apprenant qu'un ancien prisonnier avait pu être « retourné » par la police pendant qu'il était en prison. Et que ce militant sans reproche ait pu, pour environ 700 000 francs, passer de l'autre côté et devenir un indic.

QUATRIÈME PARTIE

Les dérives du Front

12.

Mortelles bavures

La « campagne » antidrogue

L'un des épisodes les plus noirs mais les moins connus dans l'histoire du FLNC Canal historique reste la campagne contre la drogue. Le thème est récurrent dans la lutte nationaliste, et plusieurs supposés pourvoyeurs de drogue trouveront la mort sous le feu des militants dans les années 80. Mais c'est en 1992, année d'élections à l'Assemblée de Corse, que cette violence aveugle se déchaîne et parvient à un niveau jamais atteint. Selon vos propres estimations, une quarantaine de présumés dealers ont été assassinés par le Canal historique en l'espace de quelques mois. Quelle a été la genèse de cette affaire ?

FRANÇOIS SANTONI : À l'automne 1985, l'ancienne direction du Front lance une première campagne antidrogue. Survient à peu près au même moment une sale histoire dans la rue Fesch à Ajaccio. Un proxénète arabe, qui tient un bar accueillant des prostituées, tue un jeune Corse. L'homme, qui était venu voir le tenancier pour lui demander de ne plus importuner sa femme quand elle passait dans la rue, reçoit pour toute réponse une décharge de chevrotine. Cela provoque une émotion intense. Nous sommes en pleine campagne électorale, et les dirigeants du Front font un mauvais calcul. Ils proposent de tuer deux dealers arabes, pour s'attirer à la fois la sympathie du Corse moyen, choqué par l'affaire de la rue Fesch, et pour récupérer les voix de l'extrême droite. En janvier 1986, deux supposés dealers maghrébins sont abattus. Électoralement, l'opération est un échec et l'opinion réagit très mal. La direction du Front finira par reconnaître, près de deux ans plus tard, que le meurtre des deux Tunisiens était une grave faute.

Début 1991 apparaît une nouvelle organisation clandestine baptisée « A droga basta ». Il ne s'agit pas d'une « filiale » du Front, mais d'individus qui s'organisent entre eux. Ce groupe mène des actions essentiellement dans la région d'Ajaccio, mais rapidement le Front estime que cette activité peut lui nuire. Au cours d'une rencontre entre dirigeants des deux organisations, le Front demande d'abord gentiment à ces personnes d'éviter de commettre des actes qui pourraient mettre le Front en porte à faux. Puis il leur conseille fortement de disparaître, en leur précisant que s'ils veulent combattre la drogue et s'investir dans le mouvement nationaliste, ils peuvent s'intégrer dans les structures existantes. Quelques-uns des membres de A droga basta rentreront d'ailleurs au Front.

En 1992, les choses se présentent différemment. C'est le mouvement public qui lance une grande campagne contre la drogue, orientée cette fois-ci sur le volet social, avec un programme de réinsertion, d'aide aux jeunes en difficulté. Des associations tout à fait légales et officielles sont montées, des subventions sont demandées. L'une des associations, implantée dans le quartier défavorisé des Salines, à Ajaccio, fait travailler jusqu'à cinquante personnes et s'occupe des jeunes désœuvrés et d'anciens drogués. Le FLNC Canal historique participe à cette campagne publique, en finançant discrètement quelques actions, comme l'achat de matériel ou de véhicules destinés aux associations, pour aider au démarrage du programme.

C'est seulement ensuite que l'idée germe au sein du Front historique de s'occuper des dealers qui n'entrent pas dans le programme de « réinsertion ». Ce projet fait d'ailleurs l'objet de discussions, dans le mouvement clandestin comme dans le mouvement public. Au sein de la coalition électorale Corsica Nazione, qui regroupe la Cuncolta, l'UPC, les Verts, personne ne semble choqué par l'idée d'exécuter des dealers. La seule réserve émise par l'UPC réside dans le fait de savoir si les meurtres seront revendiqués ou non. Le Front détermine les premières cibles sur la base des informations collectées par son propre réseau de renseignement. Le principal informateur est un officier de police, qui donne des tuyaux extrêmement précis et bien documentés. Il agit parfois de manière désintéressée mais plus souvent parce qu'il est rémunéré par le Front. Toujours est-il que les dealers sont parfaitement repérés. Les premiers morts tombent à Ajaccio. Des Corses, d'abord, puis des gitans. Il y a même une fusillade en plein cœur d'Ajaccio. Le militant chargé de l'exécution d'une équipe de gitans les repère, les suit et double leur voiture avant de s'arrêter sur le cours Napoléon. Il est seul, descend vite fait de sa 106 volée, se place face au véhicule qui arrive droit sur lui et tente d'ouvrir le feu avec un revolver calibre 38. Et là, fait rarissime pour un revolver, l'arme s'enraye. Il a juste le temps de s'écarter pour éviter les deux gitans qui foncent sur lui, sort sa seconde arme, un bon vieux colt 45, et tire au moment où ils passent devant lui. Il les touche au niveau des bras, leur voiture finit sa course dans un bar, face au Monoprix. Mais comme il y a trop de monde, il ne peut finir son travail et les achever. Quelque temps après, deux autres gitans de la même bande sont abattus à la sortie de la discothèque *Le Bilboquet*, sur la place des Palmiers, à Ajaccio, un troisième s'en sort.

Un dealer est assassiné à Bonifacio. Dans l'extrême Sud, ce sont souvent les Maghrébins qui sont visés, non pour des raisons vaguement racistes mais parce qu'un réseau très actif de dealers s'est implanté dans le secteur et reverse une moitié de l'argent du trafic aux réseaux des Groupes islamiques algériens. La police de l'air et des frontières le sait. L'extrême Sud est d'ailleurs un lieu de transit et une base de repli pour bon nombre d'activistes algériens.

À Porto-Vecchio, une fusillade fait des blessés. Les exécutions se suivent, on retrouve des corps ici et là, un jour dans une conduite souterraine située au-dessus d'Ajaccio, un jour dans une 205 abandonnée au bord d'une route. L'opération la plus spectaculaire a lieu à Scandola, une plage qu'on ne peut atteindre que par la mer. Le commando du Front arrive en bateau, et exécute proprement deux gros dealers. Les deux types sont froidement abattus, assis sur une chaise, d'une décharge en pleine tête, avec tout un cérémonial. Les gens du secteur Sagone qui ont monté l'opération vont par la suite craindre des représailles de la part des voyous et du côté de la justice. Ils s'empresseront de désigner auprès des Renseignements généraux trois militants d'Ajaccio comme ayant été les exécutants. La manœuvre n'a pas marché. Personne n'y a cru.

La campagne n'en finit pas, la liste des morts s'allonge. Un seul militant abat à lui seul neuf dealers en un mois. Au total, il y aura une quarantaine de morts. Pour autant, le Front se rend compte que le trafic ne faiblit pas et que les filières démantelées se reconstituent très vite. Les militants finissent par se demander jusqu'où cette campagne peut aller, et si l'on va continuer à tuer comme cela des dizaines de personnes impunément. Une rapide enquête menée par le Front révèle que l'officier de police informateur est en fait affilié au MPA et proche d'individus qui touchent à la drogue, et l'on s'aperçoit que tous les réseaux qu'il donne au Front sont reconstitués immédiatement. C'est clair, le Canal historique s'est fait manipuler pour éliminer des filières concurrentes et faire la place à d'autres réseaux. Un autre problème apparaît également. Sur la région de Bastia, le FLNC Canal historique se rend compte que les gens abattus sont les drogués eux-mêmes, dont certains sont gravement malades, en phase terminale du sida. Curieusement, le tueur du Front bastiais, un harki de Lupino, le quartier défavorisé de Bastia, a été lui-même abattu par ses amis d'une balle de carabine

Remington 7/08, après que son nom eut été prononcé de manière insistante dans l'affaire Sozzi, sans doute pour éviter des découvertes un peu troublantes. Ses anciens commanditaires ont préféré éviter la révélation de petites choses très ennuyeuses. Comme le fait, par exemple, que ce militant avait remonté ses propres filières. Le Front a finalement mis un terme à cette opération, complètement dévoyée. C'est un grave échec de la clandestinité.

Sozzi, Filippi, Muzy : trois morts de plus à Furiani

Le 5 mai 1992, une tribune provisoire du stade de Furiani, près de Bastia, s'effondre quelques minutes avant le coup d'envoi de la finale de la coupe de France de football devant opposer le Sporting Club de Bastia (SCB) à l'Olympique de Marseille. Le stade est comble, et trois mille personnes ont pris place sur les échafaudages montés à la hâte pour agrandir le stade. Le bilan est de dix-sept morts et plus de deux mille blessés. Dans les jours qui suivent, l'enquête met en cause les dirigeants du Sporting, dont son président Jean-François Filippi, proche du bloc Cuncolta-FLNC Canal historique. L'année suivante, en juin 1993, Robert Sozzi, militant du FLNC Canal historique et employé de Bastia Securita, est abattu. Sa mort est revendiquée, quelques semaines plus tard, par un commando du FLNC Canal historique, lors des journées internationales de Corte. En décembre 1994, Jean-François Filippi est assassiné à son tour, le 26 décembre au matin, alors qu'il sort de chez lui pour aller prendre l'avion pour Paris. Enfin, deux jours plus tard, c'est Franck Muzy, ancien militant de la Cuncolta et ami proche de Robert Sozzi, qui est tué en pleine rue à Bastia. Trois morts, liés par une seule histoire, jamais éclaircie. Que pouvez-vous en dire ?

FRANÇOIS SANTONI ET JEAN-MICHEL ROSSI : Le 15 juin 1993, Robert Sozzi, militant du FLNC Canal historique, est assassiné par plusieurs hommes alors qu'il se rend à son travail au sein de la société de gardiennage et de transport de fonds Bastia Securita. Sozzi ne cachait pas son hostilité au président Filippi, qu'il accusait d'avoir du sang sur les mains après le drame de Furiani. Il s'opposait également à la protection accordée depuis des années par le Canal historique à Jean-François Filippi, et avait commis quelques dégradations sur des véhicules de la société Hertz à Bastia, contrôlée par Filippi.

L'assassinat est revendiqué en août, lors des journées de Corte, par un commando du FLNC Canal historique. C'est un crime et une faute politique. Les responsables du secteur bastiais du Canal historique expliqueront ensuite qu'une information leur était parvenue le 14 juin, de la part de membres de la direction du Front dans la région d'Ajaccio. Selon ces responsables, Sozzi se préparait à passer à l'action dans les quarante-huit heures pour éliminer trois responsables. Excusez du peu. La revendication du FLNC parle donc d'un acte de légitime défense. En fait, l'attitude agressive de Robert Sozzi envers Filippi a été utilisée par certains responsables du Sud pour pousser ceux du Nord à éliminer Robert Sozzi. Leur but était de les amener à commettre ce qui était une faute évidente, pour les discréditer ensuite au sein de l'organisation et demander leurs têtes. La manœuvre n'a pas abouti, les Bastiais sont restés en place. Quant aux auteurs de la manipulation, ils ont ensuite discrètement fait dissidence et quitté les rangs du mouvement. Mais Sozzi est mort.

Aujourd'hui, dans cette affaire lamentable, certains se dédouanent de tout. Pourtant, les dirigeants de l'UPC de l'époque, membres de la coalition Corsica Nazione avec le bloc Cuncolta-FLNC Canal historique, ont été avertis par le secteur du Front de Bastia que Robert Sozzi allait être exécuté. Ils n'ont pas dit un seul mot. Il y aura ensuite une réunion de Corsica Nazione, dans un restaurant entre Corte et Aléria. L'affaire Sozzi est abordée. Les Verts, comme à leur habitude, sont très prudents et marmonnent du bout des lèvres une vague désapprobation. La Cuncolta s'en tient à la version du Front de la légitime défense. L'UPC s'interroge sur la gestion de la crise. Jusqu'au moment où Max Simeoni, avec un cynisme effroyable, dit : « La prochaine affaire Sozzi, il faudra quand même la gérer en amont et pas en aval. »

Ensuite vient le cas de Jean-François Filippi, entrepreneur, maire de Furiani et président du Sporting Club de Bastia. Il était protégé par le FLNC bastiais depuis 1988, soit bien avant la scission du FLNC. À l'époque, il avait été la cible de coups de feu tirés par des gens du milieu contre sa permanence électorale. Son adjoint à la mairie avait été tué, et lui-même blessé. C'est de ce moment-là que datent les accords passés par le responsable militaire du secteur. Contre sa protection, Filippi fournissait probablement des fonds, bien que l'on n'ait jamais pu l'établir, des emplois dans ses multiples sociétés et divers avantages. Le parc automobile dont Filippi avait la concession exclusive était à la disposition du Canal historique bastiais, qui disposait en permanence d'une quinzaine de véhicules. Un individu touche à vie un salaire et dispose d'une voiture de location pour les services éminents rendus à Jean-François Filippi, et notamment pour lui avoir servi de garde du corps. Ce personnage fait partie des quatorze militants arrêtés lors de l'attaque contre le domaine de Sperone, un personnage que l'on voit souvent aux côtés de la famille Filippi. C'était l'un des piliers du secteur Marana, carrure massive, barbu, viril. Il se targue aujourd'hui dans le mouvement nationaliste d'avoir été l'homme des négociations pour faire libérer tout le monde. Il est vrai qu'il a beaucoup plaidé, mais pour son propre cas. Il a tellement insisté pour sortir dans les premiers que nous l'avons fait libérer avant d'autres. Au moment des affrontements de 1995, il a disparu. Jusqu'à ce qu'on le retrouve, terré dans son grenier, à Borgo, expliquant à ses amis lui demandant ce qu'il faisait là : « Simu in guerra » (Nous sommes en guerre). L'expression est devenue son sobriquet.

Le 26 décembre 1994, donc, Jean-François Filippi est abattu par un tir de carabine de gros calibre, à 60 mètres de distance et en pleine obscurité. En Corse, les exécutions à la carabine se comptent sur les doigts d'une main. Les tueurs utilisent plutôt le fusil de chasse, le pistolet ou l'arme automatique. Cette affaire n'a jamais été élucidée, même si nos soupçons convergent vers le principal tueur du FLNC Canal habituel de l'époque, abattu quelques mois plus tard.

Quant à Franck Muzy, il avait été membre de l'exécutif de la Cuncolta en 1991 avant d'entrer en opposition après l'assassinat de Robert Sozzi, son ami. Mais sur Bastia, il n'est pas particulièrement mal vu parmi les militants Cuncolta. Il est tué quelques heures seulement après les funérailles de Filippi, le 28 décembre 1994, à Bastia.

Le FLNC Canal historique produira un communiqué extrêmement dur mettant en cause de façon explicite le FLNC Canal habituel. Pour nous, à ce moment-là, les choses sont simples et l'affaire Muzy ne peut pas être de notre fait : nous ne pouvons pas concevoir que l'on ait pu tirer sur quelqu'un qui ne menace personne et qui ne porte pas d'arme. Aujourd'hui, avec le recul, nous savons qu'en fait, ce sont bien des membres du FLNC Canal historique bastiais, proches de Jean-François Filippi, qui ont assassiné Franck Muzy. Juste après la mort de Filippi, ces militants ont en effet cherché sur qui devait s'abattre la vengeance. Les noms de Pantaleon Alessandri et de Félix Tomasi, deux des opposants les plus actifs de la Cuncolta depuis l'affaire Sozzi, sont évoqués.

Au cours d'une réunion de la direction, les cinq responsables présents doivent voter. Les représentants du Sud maîtrisent mal la situation bastiaise. Toutefois, ils estiment que si le Nord veut une riposte immédiate, parce qu'il se sent déstabilisé, décrédibilisé, alors il faut s'en prendre à une personnalité de poids. Le nom de Pantaleon Alessandri revient, celui-ci pouvant être tenu pour responsable moralement et politiquement de la mort de Jean-François Filippi. Mais là, les représentants du Nord ne sont pas du tout d'accord. Peu de gens veulent s'en prendre à Pantaleon, militant redoutable, courageux et expérimenté. C'est sans doute l'un des rares Corses à avoir été formé au Liban. Les responsables du Nord ont déjà choisi leur objectif, Frank Muzy, en prétendant faussement que ce dernier a donné aux tueurs les informations concernant le voyage de Filippi. Et malheureusement, ils ont le dessus. Frank Muzy sera abattu. Faute d'avoir osé tuer une pointure, les Bastiais ont écrasé une mouche. Mais ce crime sur un innocent fut une faute politique majeure. Elle n'a fait que renforcer l'isolement du bloc Cuncolta-FLNC Canal historique.

Le capitaine disparu

Le club de football de Bastia, étroitement lié au bloc Cuncolta-FLNC Canal historique, est également mêlé à une autre disparition tragique et inexpliquée. Le 29 décembre 1993, Pierre Bianconi, capitaine de l'équipe et militant nationaliste, disparaît sans laisser de traces. Que s'est-il passé ?

FRANÇOIS SANTONI ET JEAN-MICHEL ROSSI : Bianconi, en désaccord personnel avec les dirigeants du club, s'était vu signifier par le président du SCB Jean-François Filippi l'ordre de restituer la voiture mise à sa disposition. Loin d'obéir à cette injonction,

Bianconi avait détruit le véhicule à coups de masse. Des militants du Canal historique très proches de Jean-François Filippi et désireux de lui rendre service se seraient alors chargés de le débarrasser d'un « abcès » en éliminant Bianconi et en le faisant disparaître.

En représailles à cet assassinat, un certain Paul Rafalli, soupçonné d'avoir été l'un des exécutants de Bianconi, est abattu de plusieurs balles de gros calibre le 26 mai 1994. L'arme ayant servi à abattre Rafalli est retrouvée en avril 1996 dans une cache découverte dans le quartier de Lupino, à Bastia. La cache et l'arsenal qui s'y trouve sont attribués au FLNC Canal habituel. Une arme rare, un pistolet automatique colt double Eagle, est désignée par les expertises balistiques comme celle qui a tué Rafalli. Ce colt avait appartenu à Bianconi, avant d'être récupéré par son ami proche, Pierre Albertini, membre du MPA.

13.

Trafic d'armes

Des premiers fusils de chasse exhibés lors de l'occupation de la cave viticole d'Aléria à la conférence de presse de Tralonca, et son arsenal ultra-moderne, l'armement des clandestins corses a beaucoup évolué avec le temps. Mais les principes sont restés les mêmes. L'organisation s'approvisionne sur les marchés extérieurs et conserve, dans des caches, le matériel collectif qui est confié aux militants lors de certaines opérations. En revanche, le Front revend une partie de son stock, soit aux militants, soit aux « amis », dans des conditions que vous jugez aujourd'hui pour le moins discutables.

FRANÇOIS SANTONI ET JEAN-MICHEL ROSSI : Nous avons découvert en effet qu'un juteux trafic avait été mis au point sous couvert de l'organisation clandestine, trafic dont les bénéfices n'ont jamais été versés dans la caisse commune. Dans cette affaire, le secteur Bastia-Marana joue un rôle central. La Marana détient en effet l'armement national, censé être redistribué en fonction des besoins, mais qui en fait ne l'est pas. Et Bastia est chargé de l'approvisionnement.

Les premières livraisons significatives se font en 1988, avant les scissions, avec l'arrivée d'armes modernes, des pistolets AT 84. Ce sont des copies conformes de pistolets tchèques CZ 75 fabriqués à Solothurn, en Suisse, par la société ITM. Un jour, les ateliers d'ITM sont victimes d'un incendie pour le moins suspect, à la suite duquel la police suisse constate la disparition d'environ 2 500 pistolets.

Plusieurs centaines de ces pistolets arrivent du continent, acheminés dans un semi-remorque de l'entreprise de charcuterie dirigée à l'époque par deux militants. Ces armes sont revendues 6 000 francs aux militants les mieux introduits, 8 000 francs aux militants de base et mises sur le marché extérieur au prix de 10 000 à 12 000 francs, selon les clients.

Après la scission de 1990, le secteur de Bastia devient le fer de lance de la réorganisation militaire du FLNC Canal historique. Son responsable impose les tenues noires, analogues à celles du Raid et autres unités spéciales. Il entreprend l'achat d'armes de guerre, sans commune mesure avec les besoins de la lutte en Corse. Elles ne seront jamais utilisées en opération mais régulièrement exhibées à certaines conférences de presse clandestines. Pour assurer une partie de l'approvisionnement en armes et munitions, Bastia utilise ses propres contacts dans le milieu toulonnais, notamment entre l'un des dirigeants du secteur et un ancien lieutenant de Fargette, le parrain varois abattu en Italie il y a quelques années. C'est par cet intermédiaire que le secteur peut organiser l'acheminement d'un premier lot de tubes lance-roquettes, pour une valeur de 300 000 francs, financé à parts égales par le Sud et par le Nord. Un prix manifestement très surévalué, pour deux lance-roquettes rechargeables, cinq ou six tubes jetables et quelques roquettes, à moins que des bénéfices substantiels n'aient été réalisés par le secteur sur le dos de l'organisation lors de cette opération. De plus, le partage du matériel n'est pas spécialement équitable. Plusieurs fusils d'assaut AK 47 et AKSU qui font partie du lot initial disparaissent, et les responsables bastiais trient soigneusement les tubes pour ne garder que ceux en bon état. Ils laissent aux militants du Sud des tubes défectueux, en évitant évidemment de les en avertir, ce qui faillit provoquer plus tard de graves incidents.

Fort de son monopole, le secteur bastiais développe ensuite une politique « commerciale » très agressive. À mesure que l'approvisionnement devient consistant, on conseille aux militants de se débarrasser de l'arme achetée six mois ou un an plus tôt, et qui serait devenue obsolète, pour acquérir la dernière nouveauté, évidemment toujours plus chère. Les AT 84 sont donc revendus, souvent à perte, pour acheter des Beretta 92 F. Six mois après, les Sig Sauer, des pistolets suisses, font leur apparition et détrônent les 92 F. À chaque fois, Bastia encaisse et l'organisation ne voit rien.

En 1995, la mode est au Glock, un pistolet autrichien dont la carcasse est faite de matériau composite, et donc très légère. Le secteur bastiais, toujours à la pointe du progrès, en propose à la vente et écoule une quinzaine de pièces avant que la filière ne soit démantelée.

Il s'agit en fait d'une filière familiale, montée en 1993 par un jeune homme de la région de Borgo, qui sort avec la fille d'un policier autrichien de la province du Vorarlberg, dans l'ouest du pays. Ce dernier, associé avec quatre comparses, utilise une particularité de la réglementation en vigueur en Autriche, laquelle autorise tout policier partant en retraite à conserver une arme à titre personnel à condition d'en faire la demande. La petite bande n'a plus qu'à repérer les policiers qui ne font pas valoir ce droit, pour se substituer à eux. Une soixantaine d'armes sont ainsi acquises directement auprès de l'usine Glock. Certaines sont vendues à des Irakiens résidant à Vienne. En Corse, il en arrive une quinzaine.

La filière est éventée lors de l'assassinat de Stéphane Gallo, abattu le 29 mai 1995. Les policiers découvrent, scotché sous la sacoche de la moto de Gallo, un Glock dont le numéro d'identification n'est pas effacé. Et dans ses papiers, un modèle destiné à la confection d'un faux tampon officiel autrichien. En effet, les acheteurs autrichiens, souhaitant sans doute étendre leur petit commerce, avaient demandé à leur acheteur, un militant de la Cuncolta, de leur fournir un faux tampon. Il s'agissait de pouvoir authentifier de nouvelles demandes d'achat censées provenir des policiers retraités. Ce militant avait demandé de façon pressante que le Front trouve quelqu'un capable de fabriquer des tampons et avait donné le modèle à Gallo. La piste autrichienne est confirmée le 30 août 1995, lorsque Jean-Pierre Duriani, militant du FLNC Canal historique, trouve la mort alors qu'il participe à l'assassinat de Pierre Albertini, leader du MPA-Canal habituel. Car l'arme de Duriani est un Glock numéroté. Le temps pour la police autrichienne de retrouver les acheteurs véritables, à partir des registres, et la filière tombe.

Au total, notre ami a acquis une quinzaine d'armes, achetées environ 4 000 francs pièce, soit un prix légèrement inférieur à celui du marché officiel en France. Il a ensuite cédé les armes à prix coûtant aux responsables du secteur bastiais. Lesquels en ont gardé quelques-unes pour eux, comme un Glock de calibre 10 millimètres, une arme très rare retrouvée dans la villa occupée par Charles Pieri, secrétaire national de la Cuncolta et responsable bastiais du bloc Cuncolta-Canal historique, lors de son interpellation en septembre 1998. Quant aux autres pistolets, ils ont été revendus aux militants 13 000 francs pièce.

Le dernier trafic important concerne, en 1996, un lot de CZ 75 compacts achetés par les Bastiais 8 000 francs pièce, et revendus 11 000 francs, ainsi que des CZ 75 rafaleurs, des armes très rares ne figurant pas au catalogue de la marque et fabriquées pendant une courte période uniquement à destination des unités spéciales en Tchécoslovaquie. Achetés 9 000 francs, ces CZ rafaleurs étaient vendus 13 000 francs aux gens introduits et 16 000 francs aux militants de base. On imagine les bénéfices engrangés.

Pour alimenter le réseau nationaliste, le secteur de Bastia a également utilisé deux armureries de la ville. La première a servi à un trafic de Glock, ces fameux pistolets autrichiens, et de Sig Sauer suisses. L'armurerie, convaincue d'agir pour le bien de la cause, faisait venir d'un côté des pistolets neutralisés, de l'autre des culasses et des canons, et revendait le tout à prix coûtant, soit environ 6 000 francs. Il suffisait ensuite d'interchanger les blocs canon-culasse pour obtenir des armes en état de fonctionnement, revendues aux militants 14 000 francs. L'armurier s'est ruiné dans cette affaire, a connu beaucoup d'ennuis judiciaires sans en tirer le moindre profit, alors que les promoteurs de ce trafic ont largement arrondi leurs fins de mois.

Les Bastiais se sont aussi installés en maîtres dans une seconde armurerie bastiaise. Un jour, l'armurerie a été victime d'un braquage éminemment suspect. Dix mille cartouches et quarante armes de poing ont disparu. Prix de revient, zéro franc, donc, pour ces armes volées. Prix de revente, plusieurs milliers de francs, comme d'habitude... Deux armes provenant de ce braquage ont été retrouvées, en octobre 1998, dans la maison occupée par Charles Pieri. Une autre, un Sig Sauer, sera trouvée en possession de Sauveur Grisoni qui, l'ayant payée au prix fort, ignorait naturellement sa provenance.

La gestion du stock national d'armement du Canal historique a de la même façon échappé à tout contrôle. Une fois entre les mains d'un petit seigneur de la guerre, le stock est devenu en quelque sorte sa propriété personnelle. En 1995, la plupart des secteurs sont démunis d'armement. En atteste l'affaire de l'attaque de la brigade de gendarmerie de Saint-Florent, où des militants chapeautés par Bastia furent envoyés au casse-pipe armés d'une antique mitraillette Sten, vestige de la dernière guerre, et qui s'enraya par trois fois. Et pourtant, on verra ressortir, à l'occasion des obsèques solennelles de Vincent Dolcerocca, secrétaire permanent de la Cuncolta à Bastia, abattu le 26 juillet, des copies de fusils M 16 fabriquées par Norinco en Chine, et des Uzi israéliens flambant neufs. Ces armes avaient été acquises en 1990 mais jamais distribuées, Bastia répondant aux secteurs qui en faisaient la demande qu'il n'en restait plus.

14.

L'impôt révolutionnaire

Dès sa création, le FLNC décide de financer la lutte nationaliste par l'impôt révolutionnaire. Mais il lui faudra du temps et quelques meurtres avant d'admettre publiquement cette pratique. Après la première scission de 1989, le dirigeant de la première heure Pierre Poggioli, exclu du Front, fonde l'ANC. Le groupe clandestin Resistenza, qui lui est proche et qui apparaît peu de temps après, condamne l'impôt révolutionnaire en septembre 1991.

La seconde scission de 1990 va relancer la collecte de fonds. La branche du FLNC qui emporte la trésorerie se doit de conforter son réseau, celle qui se retrouve sans argent doit rapidement trouver ses propres sources de financement. Comment ces opérations, au moins pour les plus importantes d'entre elles, se sont-elles déroulées ?

FRANÇOIS SANTONI ET JEAN-MICHEL ROSSI : L'impôt révolutionnaire a été pratiqué depuis le début de la lutte. Nous constatons simplement que ceux qui le condamnent aujourd'hui ont la mémoire qui flanche. Ils oublient qu'hier, ils ont dirigé le Front, qu'ils y ont joué un rôle important. Et que c'est seulement dans cette période qu'il y a eu des assassinats liés à l'impôt. Le commerçant Chèze, à Ajaccio, est abattu aux îles Sanguinaires pour avoir refusé de verser 50 000 francs. Le coiffeur Schoch est assassiné le 8 février 1983 à Ajaccio. Cette dernière affaire fait grand bruit, et contraint le Front à reconnaître la pratique de l'impôt révolutionnaire. Ce qui n'empêche pas Garguy, commerçant rue Fesch et ami de Chèze, d'être assassiné à son tour. Dans la région de Cargèse, c'est le fils Renouard, un jeune homme de 19 ans, qui est tué uniquement pour faire pression sur son père, propriétaire d'un hôtel.

Il y a une friction assez rude au sein du FLNC ajaccien à la suite du racket du supermarché Le Forcone, à Ajaccio. La famille propriétaire du magasin est en effet proche du jeune homme qui a fait six ans de prison à la suite des affrontements avec les forces de l'ordre à Bastia en 1975. Par la suite, Claire, la fille du propriétaire du Forcone, trouvera la mort en tombant par la fenêtre de son appartement dans des conditions jamais élucidées. La police n'interpellera même pas la petite bande qui était dans cet appartement au moment du drame, et qui a pu le quitter tranquillement. Aujourd'hui, l'un de ces individus écrit dans le journal *U Ribombu*.

Jusqu'en 1988, le démarchage et la collecte de l'impôt révolutionnaire sont centralisés, et confiés au secteur V. Lui seul agit, mandaté par la direction. Ce qui fait qu'au passage, personne ne peut savoir ce qui se fait. Aucun chiffre n'est jamais donné aux militants ou aux responsables des secteurs, aucune comptabilité n'est tenue. Les seules informations obtenues le sont par hasard. Comme en 1983, lorsque le permanent du Front pour la région Balagne, par ailleurs responsable du syndicat des travailleurs corses, se plaint auprès de l'un de nous *(Jean-Michel Rossi)* de ne pas avoir reçu son salaire. C'est ainsi que l'on apprend que de l'argent est collecté auprès du Club Méditerranée, environ 400 000 francs par an, que cet argent sert à assurer les payes et qu'il a disparu. Selon la direction, le militant du secteur V chargé du ramassage a oublié le paquet dans un taxi parisien. Les permanents du Front, dont on ne connaîtra jamais exactement le nombre, sont payés en liquide, environ 6 000 à 7 000 francs par mois, et recrutés directement par la direction, qui a un pouvoir discrétionnaire. À l'époque, lorsque nous partons à quatre avec une voiture pour faire une nuit bleue à Lyon, Poggioli nous donne 500 francs en tout et pour tout, « pour les frais ».

Après la première scission de 1989, le FLNC confie aux régions le soin de prélever elles-mêmes l'impôt révolutionnaire. La région bastiaise va alors se distinguer à au moins deux reprises, en menant de grosses opérations. Lesquelles ?

FRANÇOIS SANTONI ET JEAN-MICHEL ROSSI : En 1988 est lancée l'opération immobilière de Port-Toga, à la sortie nord de Bastia. Le programme prévoit la construction de plusieurs immeubles, de commerces et d'un nouveau port de plaisance. L'affaire promet d'être juteuse et les voyous bastiais ont déjà établi les contacts pour en tirer quelques bénéfices. Mais ils doivent absolument s'assurer que le Front laissera la construction se faire. Ils doivent donc entrer en contact avec les clandestins. C'est un franc-maçon, par ailleurs membre du Parti socialiste de Haute-Corse, qui se charge d'organiser l'entrevue.

La rencontre a lieu dans le maquis. Trois représentants du milieu sont amenés, sans armes et à visage découvert, devant une trentaine de militants en treillis, cagoulés et lourdement armés. L'accord passé garantit la construction du port, moyennant le reversement au Front d'une partie de l'argent prélevé sur le dos du promoteur.

Le militant du PS est chargé d'encaisser les sommes, soit plusieurs millions de francs, auprès de l'entreprise niçoise qui réalise le chantier et d'en assurer la distribution selon une répartition tripartite entre les voyous, le Front et le PS. Une tâche dont il s'acquitte sans trop de problèmes, jusqu'au jour du dernier versement, qu'il tarde quelque peu à reverser. Le Front est alors contraint de bousculer sérieusement le camarade socialiste pour récupérer les 500 000 francs qui lui reviennent. Rien ne dit que le PS au niveau national ait vu la couleur de l'argent empoché par son militant. Du côté du Front, l'échelon national n'a rien perçu, l'affaire ayant été gérée directement par les Bastiais.

Ce sont également les Bastiais qui ont fait sauter plusieurs agences du voyagiste Nouvelles Frontières, en Corse et sur le continent. Nouvelles Frontières a ensuite décidé d'apporter un appui à tout ce qui pouvait être proche du mouvement nationaliste. Ils ont sponsorisé le club de football de Bastia, pour 3 millions de francs par an, et ont passé un contrat de publicité avec le journal du mouvement, *U Ribombu*, pour environ 800 000 francs annuels. Cela a permis au journal, éternellement déficitaire, de survivre. Auparavant, le *Ribombu* ne tenait que grâce à l'argent du Front, apporté chaque année sous le couvert d'une souscription bidon. Une cinquantaine de « donateurs » généreux jouaient des rôles de prête-nom, et reversaient dans les caisses du journal les enveloppes bien garnies qui leur étaient remises par le trésorier du FLNC.

Le trésorier du FLNC Canal historique, s'il a sans aucun doute fait preuve d'une honnêteté exemplaire, n'a pas été un très bon financier. Il a de sa propre initiative, et par conviction, versé 7 à 8 millions de francs dans les caisses du Sporting Club de Bastia pour soutenir le club. C'est avec une partie de cet argent que le SCB s'est payé un prétendu joueur brésilien, acheté un million de francs mais qui ne jouera jamais. Cette passion immodérée du trésorier pour le football corse a mis le Front sur la paille.

L'argent des collectes pour venir en aide aux militants emprisonnés a régulièrement fait l'objet de luttes internes et de rumeurs de détournement. Que pouvez-vous en dire ?

JEAN-MICHEL ROSSI : Plusieurs associations ont été montées par le Front pour venir en aide aux militants emprisonnés. Il y a eu d'abord A Riscossa, qui s'est appelée ensuite A Riposta, puis Patriottu. Les premiers emprisonnements remontent à 1978, avec la première grande vague d'arrestations opérées le jour de l'arrivée de Valéry Giscard d'Estaing en juin 1978. Une cache d'armes est opportunément découverte, une vingtaine de militants sont interpellés et transportés à Paris. Pour les familles, la situation est catastrophique, la plupart sont sans ressources, ne peuvent pas se payer le voyage pour visiter le fils ou le frère emprisonné et surtout, ne peuvent pas envoyer l'argent indispensable à la vie en cellule. Le Front, qui n'a jamais été confronté à ce problème, se retrouve avec vingt prisonniers sans savoir que faire. Il est alors décidé de constituer l'association A Riscossa, le secours en français. Le problème, c'est de faire rentrer de l'argent dans les caisses de l'association. Soirées, concerts de groupes corses qui se produisent gratuitement, vente de toutes sortes d'objets, drapeaux, porte-clés, brochures, briquets, tee-shirts et bientôt pin's, d'assez gros bénéfices sont engrangés et les caisses de l'association verront passer plusieurs millions de francs. En 1986, le groupe des fugitifs, cruellement dépourvu de moyens, recourt ponctuellement au braquage. Et un beau jour, du côté de Bastia, la chance leur sourit : ils tombent, lors de l'un de ces braquages, sur un stock important de lingots d'or. Ces lingots sont fondus pour la fabrication de petits pendentifs à l'effigie du Ribellu, l'emblème du FLNC, vendus ensuite 1 500 francs pièce. Ce qui va rapporter beaucoup d'argent. Le pendentif en or massif du Ribellu aura un tel succès commercial que sa fabrication sera ensuite assurée à partir de lingots achetés tout à fait légalement, enfin en principe.

En 1990, lors de la scission, A Riscossa passe du côté du MPA-Canal habituel, tandis que la Cuncolta-Canal historique crée une nouvelle structure, A Riposta, la réponse, qui se transformera plus tard en Patriottu. A Riposta est gérée par un individu. En 1993, lorsqu'un petit groupe de responsables de la Cuncolta quitte le mouvement, ce type les suit et quitte l'organisation en emportant une partie du stock, notamment l'or destiné à la fabrication des pendentifs. Deux militants du Front sont envoyés chez lui et récupèrent le stock manu militari. Certains l'accusent d'avoir en outre détourné de l'argent et demandent son exécution. Mais le fils de cet individu est un militant du bloc Cuncolta-Canal historique, et l'affaire est finalement classée. D'autres accusations, sans plus de preuves, faute de la moindre comptabilité, seront formulées à l'encontre du responsable suivant, suspecté d'avoir volé 1,8 million de francs dans les caisses de Patriottu. Après l'arrestation du commando de Sperone, en 1994, le Front, qui avait encore beaucoup d'argent, a largement pourvu aux besoins des détenus. Ensuite, l'association s'est remise en branle, et il est rentré plusieurs millions de francs dans ses caisses. Les quatorze prisonniers de Sperone sont sans doute ceux qui ont bénéficié du meilleur régime. Mais ça a été une mauvaise pratique, certains se sont mis à penser que tout leur était dû, et que le seul fait d'avoir un engagement politique donnait droit à une sécurité matérielle. De mauvaises habitudes ont été prises, des mandats peut-être trop importants ont été envoyés aux prisonniers, des billets d'avion payés aux familles peut-être trop souvent. On en était arrivé au stade où on demandait au Front de payer la note d'électricité ou le crédit de la voiture. Mais il est vrai que cette affaire a suscité dans l'opinion corse un réel sursaut de solidarité. Les ventes de matériel de soutien ont grimpé en flèche, et cet effet s'est poursuivi bien après la libération du dernier emprisonné de Sperone. De grosses sommes d'argent ont sans doute été encaissées, mais curieusement, lorsque les arrestations ont repris de façon massive en 1996, les caisses de l'association étaient vides. Mystère.

Et puis il y a Cavallo. Ce mythique îlot rocheux, situé à quelques kilomètres de la côte, au large de Bonifacio, dans l'extrême Sud, va jouer un rôle important dans le financement des différents FLNC. Surnommé l'île aux milliardaires, il est d'abord la propriété de Jean Castel, le pape des nuits parisiennes, qui l'achète en 1967, avant de le céder à un groupe italien. Lors de la scission de 1990, le trésorier du Front passe avec la caisse du côté du bloc MPA-Canal habituel. Le Canal historique décide alors de monter une grosse opération de collecte de fonds sur le nouveau maître des lieux, Lillo Lauricella. Le Front récupère ainsi 15 millions de francs et reconstitue sa trésorerie. Cavallo devient alors le nœud d'une bataille entre les factions rivales du nationalisme. Quelle en est l'origine ?

FRANÇOIS SANTONI : Les premiers contacts avec les promoteurs ainsi qu'avec les entreprises travaillant sur l'île débutent en 1984. À l'époque, des sociétés de construction et de BTP bastiaises, proches pour certaines du milieu, ont le monopole des chantiers et de la sous-traitance de tous les travaux sur Cavallo. Le secteur Gravone se charge d'opérer ce que l'on appelle une récupération d'argent. Une rencontre est organisée dans le village de Zerubia, dans la région de l'Alta-Rocca. Sont présents des militants du secteur Alta-Rocca, un représentant du secteur G et trois représentants du secteur Sartène-Propriano. Face à eux se trouve un promoteur italien qui fait un malaise au cours de la discussion, assez peu courtoise il est vrai. Le promoteur accepte finalement de verser 3 millions de francs dans les caisses du Front et il est raccompagné à Bonifacio. Là, il s'empresse de se plaindre auprès de ses amis et correspondants du milieu corse, lesquels prennent aussitôt contact avec une partie de la direction du FLNC à Bastia. Le Cunsigliu ne pense pas pouvoir faire face à une guerre avec les voyous. Il somme alors les responsables du secteur G de se retirer de cette affaire, sous peine de ne pas recevoir le soutien du mouvement en cas d'affrontements. La tension est vive entre les militants et la direction, jusqu'à ce qu'un arrangement soit trouvé. Le prélèvement sur le promoteur italien est ramené à 100 000 francs, une véritable aumône. Il doit également couvrir les frais du procès, le 16 juillet 1985, à Lyon, de trois militants du Front. L'accord prévoit enfin le financement, par le promoteur et ses associés du milieu, d'une opération destinée à faire évader ces trois militants. L'opération en est restée au stade de projet, et l'argent versé à ce titre a servi à louer un voilier pour une petite croisière en Méditerranée.

Cavallo ne devient un véritable pôle d'intérêt que quelques années plus tard. Le Front possède alors une puissance militaire réelle et le mouvement nationaliste accède à une véritable représentativité, au point d'être intégré dans les négociations du futur statut de l'île par le ministre de l'Intérieur Pierre Joxe. Le secteur V choisit Cavallo comme objectif militaire et organise une opération commando le 31 décembre 1989. Curieusement, seule une boîte de nuit appartenant à des Bonifaciens et quelques locaux annexes sont plastiqués.

Ce raid du secteur V manque de tourner au fiasco. Le bateau qui transporte le commando casse ses hélices sur les rochers de Cavallo et se trouve dans l'impossibilité de repartir. Les militants sont encore sur place lorsque les charges explosent. Mais la police n'intervient pas, et c'est la vedette de la gendarmerie qui remorque le bateau, appartenant à un militant bien connu, jusqu'au port d'Ajaccio. Les responsables du secteur V étant très impliqués à cette époque dans les discussions avec Joxe, l'affaire n'a connu aucune suite judiciaire.

En fait, cette opération sur Cavallo n'est qu'une manœuvre d'approche destinée à intimider les promoteurs italiens. Très vite, de nouveaux cabinets d'architectes, dirigés par des professionnels proches du secteur V, sont chargés des travaux. Les constructions sont surfacturées, des sommes colossales sont détournées. Cet argent, près de 15 millions de dollars, sera investi plus tard dans une compagnie de crevettiers à La Nouvelle-Orléans, aux États-Unis.

L'alliance nationaliste-mafieuse se développe. Le propriétaire de Cavallo, Lauricella, n'est autre que le trésorier de la puissante famille sicilienne des Santa Paola. Il propose de financer tous les projets économiques qui fleurissent à cette époque. Ce sont autant de moyens, pour la Mafia sicilienne, de blanchir l'argent de la drogue. La scission du FLNC en 1990 ne trouble guère cette coopération. Les militants du secteur V de l'ex-FLNC uni sont devenus les responsables du nouveau FLNC Canal habituel. Les prospères garants de la sécurité des installations de Cavallo sont soucieux d'éviter tout affrontement entre nationalistes. Ils proposent un arrangement à certains représentants de l'autre branche issue de la scission du Front, le FLNC Canal historique. Le même type d'accord est passé au sujet de la sécurité du domaine de Sperone, près de Bonifacio. Nous ne l'apprendrons que beaucoup plus tard, après une entrevue entre la direction ajaccienne du Canal historique et Henri Antona, élu RPR à l'Assemblée de Corse, maire de Coti-Chiavari, homme d'affaires et actionnaire du domaine. Lors de cette rencontre, Antona explique en toute bonne foi que Sperone a honoré ses engagements envers le Canal habituel, en lui versant 6 millions de francs payés en trois tranches, et que cette opération a reçu l'aval de l'un des dirigeants du Canal historique. Celui-ci sera identifié comme étant le responsable militaire de l'exécutif, ce groupe de six hommes placés au-dessus des quinze membres du Cunsigliu. Les responsables du Front comprennent alors pourquoi la commission militaire du Canal historique s'est longtemps interdit de lancer des opérations contre Cavallo et Sperone, deux objectifs considérés pourtant par les militants comme prioritaires.

Ces accords en sous-main expliquent sans doute la discrétion demandée par Lillo Lauricella vis-à-vis de ses alliés du moment, lorsque le Canal historique vient lui demander de verser les 21 millions de francs pour renflouer les caisses qui sont vides après la scission (Annexe 10). Sous la menace, et sans aucun engagement de la part du Canal historique, Lauricella accepte de faire un premier versement de 15 millions de francs en liquide. Une partie des 15 millions est déposée dans des banques, pas seulement en Corse. Certaines banques de l'île ont été assez peu regardantes, malgré la réglementation bancaire, sur l'origine des paquets de billets que des militants ont déposés à leurs guichets.

La générosité de Lauricella n'empêche par le Canal historique de se lancer un peu plus tard, et par deux fois, à l'assaut de Cavallo. Il s'agit alors, pour le Front, de remobiliser les militants sur le terrain de l'action, après une période de fortes tensions internes liées notamment à l'assassinat de Robert Sozzi en juin 1993. Il veut également récupérer un peu de crédibilité opérationnelle, après la déroute du commando de Sperone, en juin 1994.

Les attentats sont préparés et réalisés par le secteur Ajaccio. Le premier est un mitraillage et une attaque à la grenade contre l'ensemble résidentiel baptisé le village des pêcheurs. La seconde opération, beaucoup plus lourde et structurée, se solde par la destruction de soixante-dix appartements, c'est-à-dire la quasi-totalité du village des pêcheurs. Cette deuxième attaque, si elle est faite aussi dans un but publicitaire vis-à-vis des nationalistes, ne vise pas seulement la spéculation immobilière. D'ailleurs, sur ce plan, il est malheureusement facile de constater qu'il n'y a plus grand-chose à défendre. Tout est construit depuis longtemps. L'intérêt de Cavallo, ce n'est pas l'immobilier. Ce que certains Corses et quelques Italiens se disputent, c'est la maîtrise du port et de la piste d'aviation pour les avions privés. Cavallo est une zone de transit de la drogue qui peut devenir une véritable plaque tournante. Voilà le seul et véritable enjeu de l'île, voilà pourquoi les différentes familles de la Mafia y ont toutes un représentant, s'y investissent autant et y font autant de concessions.

Le raid contre le village des pêcheurs est évidemment très critiqué par le Canal habituel. Il avait donné toutes les assurances que rien ne se passerait sur l'île et il y perdait sa crédibilité. Il est aussi critiqué par certains dirigeants et certains militants du Canal historique de la Corse-du-Sud qui y font leurs petites affaires. La famille de l'un des responsables du Front utilise l'appartenance de l'un de ses membres à l'organisation clandestine pour obtenir des marchés, pour empêcher des entreprises concurrentes de venir le gêner, et régit l'île comme une véritable petite mafia. En intervenant à Cavallo, le FLNC Canal historique entend donc aussi rappeler à l'ordre les nationalistes de son propre camp qui s'y sont implantés.

En 1995, Lillo Lauricella cède ses parts dans Cavallo à Pier Luigi Vignuzzi, lequel est prié par le Front de verser les 6 millions de francs encore dus par son prédécesseur. Ce qu'il refusera de faire. En revanche, les Italiens aux commandes de Cavallo vont trouver de petits arrangements avec un mythomane sexagénaire qui s'est installé dans la place au nom du Front. Ce personnage leur donne la caution du mouvement nationaliste aux yeux de l'extérieur, en échange de menus avantages comme la réalisation de petits travaux sur l'île. L'homme se livre également au passage à quelques opérations de racket à titre personnel mais effectuées sous couvert du FLNC Canal historique. Mais tout cela ne durera pas éternellement. Un jour, certains prendront les mesures nécessaires pour mettre un terme à cette situation. Pseudo-militants, spéculateurs et mafieux bénéficient seulement d'un sursis qui ne peut être quantifié, mais aucunement d'une définitive impunité.

15.

La « lutte » contre la spéculation immobilière

L'essentiel du capital de sympathie du FLNC en France et dans toute l'Europe tient à la lutte contre la spéculation immobilière et la construction anarchique en Corse. Au début des années 90, les clandestins détruisent de nombreux bâtiments privés et dissuadent les promoteurs de bétonner les côtes. Leur combat est immédiatement populaire. Mais les assassinats et les démonstrations de force ternissent ensuite durablement cette image de Robin des Bois. L'immobilier n'aurait-il été qu'un thème d'opportunité pour l'organisation ?

JEAN-MICHEL ROSSI : La lutte contre la spéculation immobilière est un thème qui apparaît de façon significative relativement tard dans la clandestinité, entre 1988 et 1990, et de manière effectivement plutôt opportuniste. On est alors en période de suspension prolongée des actions militaires, pour cause de trêve et de négociations avec le gouvernement dans le cadre de la préparation du projet de nouveau statut. Le degré d'intensité des revendications a baissé, on ne parle plus d'indépendance, on se contente de vouloir corriger les aspects les plus insupportables du système. Le thème de la lutte contre la spéculation immobilière revient dès lors presque naturellement sur le devant de la scène. Il est populaire, fédérateur. Le but de ces opérations est de donner du grain à moudre aux militants, de maintenir une certaine cohésion et de fixer les équipes sur des objectifs pour éviter qu'elles ne soient tentées de s'égailler dans la nature à la recherche d'autres sensations. L'État, épargné, ferme plus ou moins les yeux dans la mesure où les gens ne se font pas prendre en flagrant délit. Et tout le monde est content. D'autant que se greffent en parallèle quelques opérations de récupération d'argent auprès de certains promoteurs qui sont épargnés. C'est le cas en Balagne, où le secteur FLNC prélève 150 000 francs chaque année au Club olympique, un affreux tas de baraques sur la plage, dépendant du groupe Fillipachi. La mairie de Calvi fait tout pour le détruire, mais le Front s'y oppose puisqu'ils paient.

Nous sommes bien loin des objectifs initiaux. Lorsque le FLNC se constitue, le 5 mai 1976, le Front tient un discours extrêmement radical vis-à-vis de l'État français. Il prône une guerre classique d'indépendance, de type tiers-mondiste. La guerre d'Algérie, référence obligée sinon unique de ce qui fonde le FLNC, n'est pas encore si lointaine. Saigon est tombé l'année précédente. En Corse, on rêve d'un nouveau Dien Bien Phu à petite échelle pour le colonialisme français. Le tract de création du FLNC appelle chaque Corse à devenir un soldat de la lutte de libération nationale. Dans cette logique d'affrontement avec l'État, dans laquelle les troupes françaises sont des cibles potentielles d'attaques et d'embuscades, la lutte contre la spéculation immobilière apparaîtrait comme une revendication bien fade. Pendant près de dix ans, les attentats viseront donc presque exclusivement des cibles militaires et administratives françaises.

La grande rupture se produit en 1989, en période de trêve liée à la négociation du statut Joxe. Les premières actions d'envergure menées sur ce thème sont un réel succès dans l'opinion. Elles débutent le 7 novembre 1989, avec le plastiquage d'un ensemble d'appartements en construction à Sainte-Lucie-de-Porto-Vecchio. Le 11 décembre, les quatre-vingts appartements du complexe touristique « L'Oasis », à Calvi, sont détruits.

Après la scission de 1990, le FLNC Canal historique devient une sorte de Robin des Bois écologiste (Annexe 10). D'autant que le camp opposé, le bloc des scissionnistes du MPA-FLNC Canal habituel, plaide pour le développement économique et entend à ce titre favoriser les projets touristiques. Il utilise alors sa force militaire pour obtenir de substantielles redevances en contrepartie de sa bienveillance. C'est par exemple ce qui se passe en 1992, sur le site de la pointe Saint-François, à Calvi. Des travaux de construction mettent au jour les vestiges d'un cimetière romain. Une manifestation est organisée pour défendre le site, avec la participation du MPA. Et puis, nous apprenons par la suite que la construction se fait malgré tout, et que deux militants du MPA de Calvi ont obtenu des appartements dans le projet. En 1994, le Canal historique est à la recherche d'objectifs qui ne soient pas des cibles étatiques, car des négociations ont lieu avec le gouvernement, mais qui lui permettent de maintenir une certaine pression sur Paris. Il doit aussi reconquérir une partie de l'opinion et ressouder ses troupes, secouées par l'assassinat, l'année précédente, de Robert Sozzi, militant du FLNC Canal historique éliminé par le Front (voir chapitre 12). Comme toujours dans ce cas, c'est l'immobilier qui est choisi. L'opération contre le golf de Sperone, le 28 mars, relève de cette stratégie. Le site de Calvi en fait également les frais, et les premières réalisations du projet qui arrive pratiquement à son terme sont détruites. En fait, le site est en zone urbanisée à relativement faible enjeu écologique. Et après quelques années de statu quo, le projet revu à la baisse s'est fait sans déclencher la moindre passion. Conclusion, la bataille sur le site de Calvi a eu pour principal moteur la volonté pour le Canal historique d'empêcher le Canal habituel de « manger » sur le projet et de lui disputer le gâteau. C'est l'illustration de ce comportement qui voulait que l'on se mette systématiquement en travers de ce que faisait l'autre. La disparition du FLNC Canal habituel, qui prononce sa dissolution le 29 janvier 1997, a libéré le terrain au Canal historique, qui est tombé dans les mêmes travers, passant de la lutte contre l'immobilier au racket.

En 1997, le FLNC Canal historique a laissé construire à Monticellu, près de L'Île-Rousse, une monstruosité, un ensemble immobilier appelé Mare Turchinu, en échange du versement d'une somme de 600 000 francs. La garde du chantier avait été confiée à Corse Gardiennage Service, société contrôlée par le bloc Cuncolta-Canal historique, et depuis, la sécurité est assurée par des gens qui travaillent au noir mais qui sont recrutés dans cette mouvance. La société qui a bâti est à capitaux italiens, et ne loue ses appartements qu'à des ressortissants italiens. Le gérant officiel est un certain Francis Lorenzi, arrêté en 1978 quand il était l'un des responsables du Front sur Bastia, et qui se prétend aujourd'hui couvert à la fois par le Canal historique et par le Canal habituel. Cette opération est le contre-exemple type de ce que le Front devrait faire.

Conclusion

Un constat d'échec

Depuis la création du Front de libération nationale de la Corse (FLNC), le 5 mai 1976, la « lutte de libération nationale » a été, selon vos propres estimations, à l'origine d'environ 10 000 attentats à l'explosif et de quelque 220 assassinats. En vingt-cinq années d'existence, le FLNC, tronc commun de la clandestinité, a donné naissance à une dizaine de branches issues de scissions diverses. Mais c'est par la négociation que la Corse a obtenu, en 1982 et 1991, un statut particulier qui ne lui donne ni l'indépendance ni l'autonomie. Militants dès l'origine, engagés dans la clandestinité, puis membres dirigeants de l'un des principaux mouvements nationalistes jusqu'à l'automne 1998, ce bilan est aussi le vôtre. Que vous inspire-t-il ?

FRANÇOIS SANTONI ET JEAN-MICHEL ROSSI : C'est pour une grande part un constat d'échec. Même s'il doit être modulé, car quoi qu'on en dise, nous considérons que la lutte a rendu à notre peuple un peu de sa dignité. De quémandeur qu'il était, il a pris conscience que la résistance peut être productive et qu'elle peut lui permettre de relever la tête.

Pour le reste, c'est vrai, la faillite est patente. La révolution culturelle et politique que nous voulions accomplir, nous ne l'avons pas accomplie. Le goût des armes, la délinquance, le culte du voyou, toutes ces tares de la société corse que nous voulions gommer, la clandestinité n'a fait que les renforcer. L'ancienne caste politicienne et féodale du clan, contre laquelle nous nous sommes battus, se porte bien et peut tranquillement se transformer en une nouvelle caste affairiste, mieux adaptée au monde moderne. L'un des seuls autres points positifs du bilan de la lutte, paradoxalement, risque de profiter à cette nouvelle caste. La défense du patrimoine naturel, la lutte contre la bétonisation des côtes, ont sans aucun doute sauvegardé bien des sites, mais faute d'une victoire politique, les nationalistes n'ont fait que protéger ce que demain d'autres vont enfin pouvoir utiliser à leur profit. La victoire éphémère se transformera alors en défaite.

Il nous paraît nécessaire et urgent de faire la critique de ce que nous avons fait. Mais pour être efficace, cette critique doit être collective. Aujourd'hui, d'anciens responsables tentent de faire croire que tout ce qui s'est passé n'est pas leur faute, et que si on les avait écoutés, nous n'en serions pas là. Ce n'est pas ce que nous disons. Car si nous avons été clairvoyants quelquefois, nous avons été aveugles trop souvent. Nous aurions dû afficher plus tôt nos réelles convictions et les assumer. Dès la fin des années 80, nous savions qu'en Corse le mouvement national n'était pas suffisamment politisé et fort pour mener une lutte d'indépendance et une véritable lutte armée. Nous savions également que des dérives allaient inévitablement se produire. Mais à chaque fois que le mouvement a connu des difficultés propres à nous faire douter, nous avons cru qu'en écartant certaines personnes on se débarrasserait de mauvaises pratiques. Ce qui s'est révélé illusoire. À chaque fois, l'organisation et les hommes qui la composent sont retombés dans les mêmes travers.

La conférence de presse clandestine du 11 janvier 1996 à Tralonca devait être le point d'orgue de notre stratégie, conduisant à un dépôt des armes progressif et à un arrêt définitif de la violence. En réunissant des centaines de militants armés et le maximum de matériel militaire, le FLNC Canal historique voulait attester que l'ensemble de l'organisation soutenait le processus. Mais il n'a pas mesuré qu'une telle démonstration de force ne parviendrait qu'à dresser l'opinion française contre le mouvement national corse, et contraindrait le gouvernement à adopter une ligne radicale. C'est sans doute l'erreur la plus grossière en matière de propagande qui ait été commise depuis longtemps. Tralonca, ce fut la nuit des dupes.

Et puis il y a eu l'affaire Erignac, et cela a été un choc. Car si nous avons tous été capables d'engendrer ou de ne pas empêcher une stupidité de ce genre, c'est que véritablement quelque chose n'a pas fonctionné. À partir de ce moment-là, la clandestinité conçue comme propagande armée ne paraît plus viable. C'est soit l'escalade, soit la critique des armes. Nous avons choisi la critique, et malheureusement elle est lourde. Les armes ne sont pas émancipatrices en soi. Elles ne peuvent l'être que si elles sont au service d'un projet réellement émancipateur. Ce n'est plus le cas. Alors il faut arrêter. Car ces méthodes font souffrir notre peuple et il est temps d'en finir avec ces déchirements.

Dans le combat nationaliste, il y a eu tant de choses contestables, tant de choses que nous avons avalées qu'aujourd'hui il nous paraît nécessaire de nous expliquer. En réalisant ce travail, nous nous faisons les greffiers d'une certaine faillite. Si nous pouvons liquider certaines illusions du nationalisme ou de certains pseudo-nationalistes qui abusent les militants et l'opinion, alors nous le revendiquons. Car nous pensons que la jeunesse et les générations futures ont encore les moyens de tirer ce pays de l'ornière. À condition de rompre avec certaines méthodes et certaines illusions.

Aujourd'hui, on assiste à une surenchère du discours nationaliste. En revanche, la pratique nationale est de plus en plus timorée. À l'Assemblée de Corse, le groupe des élus nationalistes Corsica Nazione est tombé au-dessous du niveau duquel nous n'étions jamais descendus, en acceptant de supprimer de leur plate-forme revendicative la reconnaissance du peuple corse. Reconnaissance qui, il faut le rappeler, a été votée à la majorité par cette même Assemblée en 1988. Alors, aujourd'hui, est-ce que le nationalisme n'est plus qu'une étiquette qui recouvre une démarche de plus en plus électoraliste, voire poujadiste ? Est-ce qu'il y a au sein du mouvement national une réelle volonté de rénovation pour repartir sur des bases beaucoup plus radicales, au sens étymologique du terme, qui s'en prennent à la racine du mal et notamment à un certain nombre de tares qui perdurent au sein de la société corse et dont personne ne parle ? C'est douteux.

Aujourd'hui, le nationalisme professe un certain corsisme, comme celui que Talamoni et son groupe ont développé dans la période Bonnet. Ils se sont solidarisés avec des personnes mises en examen ou menacées de l'être, uniquement parce que les personnes suspectées étaient corses. Nous, en tant que patriotes, nous espérions que l'État ferait son travail, ce qui aurait évité un affrontement au sein de la société corse, et aurait par la suite donné plus de force à la revendication d'émancipation. Au lieu de cela, Corsica Nazione n'a fait que contester la notion d'État de droit en tant que tel. Instaurer un État de droit en Corse, on ne pouvait que s'en réjouir, même si on doutait de la détermination du gouvernement à l'établir. Mais le programme en soi ne pouvait être qu'alléchant pour un véritable patriote.

Pour l'avenir, il faut bannir le terme de nationalisme. Dans un pays opprimé, même si la Corse ne connaît pas l'oppression que connaissaient les pays du tiers-monde, pendant la période de libération nationale il est jugé convenable d'être nationaliste.

Le nationalisme doit demeurer un cri de résistance. S'il prétend se transformer en programme politique, constituer un horizon indépassable, il tombe vite dans l'exaltation de la Nation et fait le lit de tous les fascismes.

Le problème se pose lorsque la lutte est accomplie. Admettons que demain la Corse obtienne une autonomie qui soit le premier pas d'une émancipation dans le cadre de l'Europe, voire d'une indépendance totale. Il n'y aurait plus de raison d'avoir un parti nationaliste. Or, aujourd'hui, le nationalisme devient une idéologie en soi. Cela veut dire que l'on va vouloir dominer les autres. Même si nous ne voyons pas comment la Corse et ses 250 000 habitants pourraient prétendre jouer un rôle hégémonique en Méditerranée, et *a fortiori* ailleurs. Alors, il va falloir se situer vis-à-vis de l'étranger et d'autres communautés. La Corse est un pays où il n'y a jamais eu de cohabitation intercommunautaire parce qu'il n'y a jamais eu sur son sol de communautés significatives autres que le peuplement d'origine. Mais aujourd'hui, il y en a une, c'est la communauté maghrébine qui comprend plus de 30 000 personnes, des jeunes. On entend de plus en plus dire qu'il y a trop d'Arabes en Corse. Est-ce que demain l'idéologie nationaliste ne va pas déboucher sur ce genre de dérapage ? C'est pourquoi nous disons qu'il faut changer, et affirmer que, certes, nous souhaitons l'émancipation nationale. Il y a en Corse des patriotes, mais notre but, c'est de libérer la société corse, que chacun puisse s'exprimer, de briser l'asservissement au politicien local, au mafieux, au notable, qui marchent main dans la main. Et ça, ce n'est certainement pas l'idéologie nationaliste qui peut nous le donner, mais un projet d'émancipation à la fois beaucoup plus vaste et beaucoup plus modeste. Nous avons des exemples à prendre dans le monde entier, des zapatistes à José Bové. Mais certainement pas du côté des nationalistes européens du type Umberto Bossi, des factions ethniques d'Europe centrale ou de bien d'autres.

Nous plaidons pour la disparition des bandes armées. Si l'évolution institutionnelle se fait trop rapidement, comme il est à craindre que cela se produise, si une autonomie est octroyée demain, la Corse tombera entre les mains de la Mafia. Pour faire face à ce danger, d'aucuns préconisent le maintien d'une organisation politico-militaire forte. Mais une bande armée nourrit l'autre. Car, depuis vingt ans, il y a eu une organisation politico-militaire forte, sans que cela empêche le milieu corse de se transformer progressivement en une véritable Mafia. Nous pensons qu'à ce stade il faut avoir le courage, en tant que citoyen, de dire à l'État qu'il lui incombe de faire le ménage, sauf à accepter le risque d'une véritable guerre civile entre Corses.

Quant à Armata Corsa, dernière-née des organisations clandestines, nous ne justifions pas son existence. Il nous semble toutefois que, dans le paysage clandestin corse, c'est l'organisation clandestine la moins irréaliste, puisqu'elle limite d'elle-même ses objectifs. Elle ne déclare pas la guerre à la France et va jusqu'à proclamer, dans son texte fondateur, la nécessité de sa disparition prochaine. Il n'empêche qu'il existe une contradiction entre le discours d'ouverture d'Armata Corsa, qui consiste à dire qu'elle ne veut pas gêner les mouvements publics et permettre une expression de la société civile, et en même temps la clandestinité qui fige un peu les comportements. Il faudra que cette organisation, un jour ou l'autre, se prononce clairement. Ce qui retarde la clarification, c'est la période actuelle de suspension des actions militaires. Mais si demain il venait à l'esprit de certains de vouloir reprendre les armes, en cas d'échec du processus actuel, nous espérons qu'Armata Corsa s'inscrirait en faux contre ce genre d'escalade. Pour l'heure, le dépôt des armes est effectif. Espérons qu'il sera définitif.

Épilogue

C'est un équipage bien improbable que celui de ce livre. François Santoni, Jean-Michel Rossi, Guy Benhamou, cherchez l'intrus ! Pour les lecteurs, la réponse n'est pas évidente. Après tout, qu'un journaliste pose des questions à deux anciens leaders nationalistes, et que ceux-ci répondent, semble dans l'ordre ordinaire des choses. L'étrangeté de la situation vient d'une histoire un peu ancienne, que seuls les amateurs très au fait des méandres corses ont sans doute encore en mémoire. Celle d'un attentat mystérieux contre mon domicile, à Orsay, en région parisienne, celle d'une campagne virulente menée par *U Ribombu*, le journal de Jean-Michel Rossi, celle de procès systématiques intentés contre mes articles, et d'ailleurs tous perdus par les plaignants.

Le 8 mars est décrété chaque année journée internationale de la Femme. Le 8 mars 1996, deux inconnus ont également décidé d'en faire une sorte de petite fête personnelle, la mienne. Ils sont arrivés un peu avant 21 heures, juchés sur une moto, se sont arrêtés devant le portail du jardin et ont frappé seize fois. Pas à la porte, non, d'ailleurs elle était ouverte. Mais sur le mur de la maisonnette, et à l'aide d'un pistolet mitrailleur israélien de marque Uzi. Ils ont ensuite jeté l'arme dans le jardin avant de filer comme ils étaient venus.

Le petit pavillon, de construction ancienne et rudimentaire, n'a pas résisté. Murs et cloisons sont perforés, et les projectiles ont fait de gros dégâts à l'intérieur, que je découvre stupéfait le lendemain matin. Cette mésaventure me vaut de passer quelques mois sous la protection de la police, d'être accessoirement accablé de coups de fil et de lettres anonymes et menaçantes, elle complique bigrement ma vie professionnelle et personnelle, mais elle ne m'éclaire pas. Qui, et pourquoi ? L'enquête judiciaire, après deux années de vaines recherches, est close par un non-lieu.

L'attentat n'a jamais été revendiqué. Il a même été unanimement condamné par tous les mouvements nationalistes, du MPA à la Cuncolta en passant par l'ANC. Pas forcément partout avec la même sincérité, ou le même entrain, mais enfin, il l'a été. Il est vrai que dans le contexte de l'époque, de forts soupçons ont pesé sur le FLNC Canal historique. D'abord parce que j'avais révélé, dès le début du mois de janvier 1996, l'existence de négociations secrètes entre cette faction et le gouvernement, ce qui déclencha quelques remous à l'Assemblée nationale et dans les rangs du gouvernement d'Alain Juppé. Ensuite parce que le journal de cette mouvance, *U Ribombu*, m'avait déjà et par trois fois gratifié de sa prose assassine.

Cette thèse reste toujours envisageable. Même si aujourd'hui je pense nécessaire d'y ajouter une nuance. J'ai la conviction que cet acte, s'il vient de ce côté, n'est en rien une décision de la structure dirigeante. Non pas que je sois persuadé de l'humanisme galopant des chefs suprêmes de l'organisation, mais plutôt parce qu'ils n'avaient guère intérêt à pareille opération. Eux qui étaient en pleine négociation n'allaient pas prendre le risque de se mettre une partie de l'opinion et de la presse à dos. En revanche, l'idée d'une action spontanée menée par un petit groupe évoluant géographiquement autour du secteur de Bastia, et éventuellement en désaccord sur les pourparlers avec Paris, mérite que l'on s'y arrête. Deux arguments, certes minces, penchent en ce sens. D'abord le fait que le secteur bastiais du Canal historique possède, selon de bonnes sources, des pistolets mitrailleurs Uzi en quantité. Ensuite, parce que plusieurs de ses militants sont bien introduits au sein de la concession Hertz, le loueur de voitures qu'utilise *Libération* pour ses journalistes en déplacement. Conséquence, mon adresse personnelle se trouve à l'époque dans le fichier national, et donc sur l'ordinateur du guichet Hertz de l'aéroport de Bastia, où je loue à plusieurs reprises des véhicules. Mais ce ne sont là que de bien faibles charges, en partie contredites par un mode opératoire inhabituel. Il n'existe aucun exemple de mitraillage de bâtiments, et il y en a eu sans doute des centaines en Corse où les tireurs aient abandonné l'arme. Les policiers découvriront ainsi dans des caches des fusils d'assaut dont la balistique révélera l'utilisation répétée. De plus, le coût au marché noir d'un pistolet mitrailleur Uzi, sans doute supérieur à 15 000 francs, soit plus de deux fois le montant de la paie d'un clandestin, n'incite sans doute pas à jeter la marchandise par-dessus les moulins, et encore moins par-dessus les palissades des pavillons de banlieue...

Autre thèse, agitée par certains policiers à l'époque, l'attentat serait le fait du groupe opposé, le FLNC Canal habituel, afin de faire accuser le Canal historique du forfait et de l'affaiblir. C'est la technique dite du « billard à trois bandes », à toujours envisager dans les affaires corses, riches en coups plus tordus les uns que les autres. Elle reste en course, faute d'éléments pour l'éliminer absolument, mais ne repose sur aucun indice sérieux.

Une nouvelle hypothèse peut aujourd'hui être sérieusement envisagée. Celle d'une petite affaire « de l'État », comme disait M. Jospin, Premier ministre, à propos des paillotes. Selon des informations de source policière, l'arme utilisée et abandonnée à Orsay proviendrait d'une cache de l'organisation basque ETA, découverte par la police dans la région de Bordeaux. Or, d'après les mêmes sources, ces découvertes n'ont toujours pas donné lieu à une information publique. Dans certains cas, les armes auraient été récupérées discrètement, certaines ayant ensuite été remises aux groupes du GAL, ces antinationalistes basques qui se sont illustrés dans de nombreux assassinats de militants de l'ETA.

Faute de connaître les promoteurs de cette téméraire expédition consistant à mitrailler nuitamment une modeste bicoque, reste à en supposer le motif. Là encore, mystère. Constatons toutefois que cette action militaire de haute volée n'eut guère de conséquences, ni sur la politique corse du gouvernement, ni sur la ligne éditoriale de *Libération*. J'ai même pu poursuivre mon travail, certes dans des conditions un peu plus difficiles qu'avant, jusqu'en novembre 1998, date à laquelle j'ai quitté le journal.

Ce qui nous ramène au livre, prolongement direct de ces années d'enquête. Lorsque François Santoni m'a proposé de travailler avec lui et son ami Jean-Michel, je n'ai guère eu d'hésitations. Il ne fallut qu'une seule entrevue tripartite, un matin au *Café de Flore*, boulevard Saint-Germain, à Paris, pour balayer quelques anciens contentieux. Il fallait que je sois convaincu que l'un, Santoni, n'était pas le commanditaire de l'attentat contre mon domicile, et que l'autre, Rossi, n'était pas aussi antisémite que ses articles le laissaient parfois penser. Et puis, dans ce métier, on n'interviewe pas les gens parce qu'on les trouve sympathiques, mais d'abord parce qu'ils ont des choses intéressantes à dire.

Santoni et Rossi sont fidèles à eux-mêmes, ne renient pas leurs convictions et assument, avec un certain courage, leurs responsabilités et leurs erreurs. Tous ceux qui ont commis quelque ouvrage sur le même sujet n'en ont pas fait autant, loin s'en faut. Je reste de la même façon sur les positions tenues dans les colonnes de *Libération* : le FLNC Canal historique ne peut en aucun cas être l'interlocuteur d'un gouvernement, faute d'être une véritable organisation structurée obéissant à un commandement unique. On a vu à plusieurs reprises les chefs se trahir entre eux, les uns posant des bombes lorsque les autres négocient une trêve. Surtout et depuis longtemps, la pratique d'un certain nombre de ses équipes relève de la délinquance de droit commun et du terrorisme pur, consistant à régner par la peur sur un territoire et une population, celle-là même que l'on prétend défendre.

Au terme de ce travail, j'ai une pensée pour toutes celles et ceux, en Corse et ailleurs, amis et inconnus, qui m'ont soutenu et encouragé dans les moments difficiles. Leurs lettres et leurs messages m'ont été un encouragement permanent à ne jamais céder à la peur et au chantage. Qu'ils trouvent ici le témoignage de ma reconnaissance.

Guy Benhamou

Annexes

Liste des annexes

1. DOCUMENT INTERNE DE LA GENDARMERIE NATIONALE
L'organigramme du FLNC et la description de son fonctionnement se trouvent dans un document d'une quarantaine de pages réalisé par la gendarmerie nationale. Ce rapport, daté du 13 juillet 1988, est classé « Diffusion restreinte ». Il a été retrouvé dans l'un des sacs postaux dérobés par des braqueurs, lors d'un hold-up à l'aéroport d'Ajaccio en juillet 1988. Le dossier a ensuite été remis par les voyous à un responsable nationaliste. Ce rapport comprend une liste de plus de 700 noms de supposés militants.

2. FICHE INDIVIDUELLE DE RENSEIGNEMENT
La fiche authentique que tout candidat à l'entrée au FLNC devait remplir.

3 et 3 *bis*. DOCUMENT DGSE
Deux cartes réalisées par les services de la Direction générale de la sécurité extérieure (DGSE) montrent l'activité terroriste en Corse pour l'année 1996. Elles mettent en lumière l'existence de secteurs « actifs » (Bastia, Porto-Vecchio, Bonifacio, Île-Rousse, Calvi, Propriano) et de secteurs « dormants » (région centre).

4. ARBRE GÉNÉALOGIQUE SIMPLIFIÉ DE LA CLANDESTINITÉ

5. LE GROUPE DES FUGITIFS
En juin 1987, le ministère de l'Intérieur, alors dirigé par Charles Pasqua, met à prix la tête de six militants du

FLNC recherchés. Ils constituent le « groupe des fugitifs », qui jouera un grand rôle dans l'éviction du leader du moment du FLNC, Pierre Poggioli.

6 et 7. REVENDICATION ET ANNULATION
Le 15 septembre 1994, le FLNC revendique l'attentat contre le rectorat de Paris, rue Curial. Le lendemain, il dément...

8. LETTRE DU FLNC À CHARLES PASQUA
Le 14 novembre 1994, le FLNC écrit à Charles Pasqua. Après quelques semaines de discussions préliminaires, la négociation entre l'État et les clandestins s'engage vraiment. Ceci en est la première trace écrite. Ce processus conduira ensuite, en janvier 1996, à la conférence de presse de Tralonca.

9. MENACE SUR UN ÉLU
Quand le FLNC Canal historique s'en prend à Jean Baggioni, président de l'exécutif à l'Assemblée de Corse.

10. LUTTE CONTRE LA SPÉCULATION IMMOBILIÈRE
En février 1991, le secteur Balagne du FLNC écrit aux professionnels de la construction et de l'immobilier pour les mettre en garde...

ANNEXE 1

13 JUIL 1988

DIFFUSION RESTREINTE

SOMMAIRE

PRESENTATION

SOUS-DOSSIER I

11. Organigramme supposé de l'ex-F.L.N.C
12. Composition supposée du CUNSIGLIU
13. Tueurs potentiels de l'ex-F.L.N.C
14. Individus susceptibles de participer à des opérations de type militaire sur l'ensemble de la Corse
15. Carte des 6 régions F.L.N.C
16. Carte des 25 secteurs F.L.N.C

SOUS-DOSSIER II

21. Carte des 2 régions et des 8 secteurs de la Corse du Sud
22. Carte détaillée de la région AJACCIO et liste des séparatistes par commune
23. Carte détaillée de la région de PORTO-VECCHIO et liste des séparatistes par commune
24. Liste des séparatistes de la Corse du Sud

SOUS-DOSSIER III

31. Carte des 4 régions et des 17 secteurs de la Haute Corse
32. Carte détaillée de la région BASTIA et liste des séparatistes par commune
33. Carte de la région BALAGNE et liste des séparatistes par commune
34. Carte de la région CORTE et liste des séparatistes par commune
35. Carte de la région PLAINE ORIENTALE I et liste des séparatistes par commune
    Carte de la région PLAINE ORIENTALE II et FIUMORBO et liste des séparatistes par commune
36. Liste des séparatistes de la Haute-Corse

PRESENTATION

DIFFUSION RESTREINTE

La revendication corse hésitante jusqu'en 1975 qui trouve une motivation et un souffle nouveau à travers les événements d'ALERIA (21 - 22 août 1975) definit alors des thèmes politiques et met en place progressivement une structure de combat : le F.L.N.C.

La défense de la terre, de la culture, de la langue, du "peuple Corse" et bientôt des détenus deviennent rapidement des thèmes rassembleurs qui poussent les plus extrémistes à accomplir des actions violentes. Ainsi, après la dissolution de l'A.R.C. (Action pour le Renouveau de la Corse) remplacée par le comité anti-répression (C.A.R.) et renforcé par l'A.P.C. (Association des Patriotes Corses), c'est le F.L.N.C. qui va rapidement occuper le devant de la scène en signant une série d'attentats dans la nuit du 4 au 5 mai 1976.

Composée à ses débuts d'étudiants revenant en vacances en Corse, probablement encadrés par d'anciens membres de l'O.A.S., cette organisation va prendre une importance grandissante et devenir le symbole de la lutte de libération nationale (L.L.N.).

Subissant une série de revers entre 1976 et 1981, malgré la courbe croissante des exactions commises, la libération dès 1981 et 1982, des principaux acteurs d'Aléria et de certains plastiqueurs arrêtés et jugés par la Cour de Sûreté de l'Etat remet sur pied le mouvement séparatiste en lui permettant de se réorganiser.

Officiellement dissous le 05 janvier 1983, le FLNC n'aura de cesse à partir de cette date, de se doter d'une structure solide enracinée parmi toutes les couches de la société corse mais se servant en priorité des intellectuels formés à la faculté de droit de NICE au cours des années 1970 (Léo BATTESTI, Pierre POGGIOLI, Jean-Baptiste ROTILIY-FORCIOLI...).

En privilégiant la partie visible de son organisation l'ex-FLNC est parvenu à un entrisme important dans de nombreux domaines :

- agriculture (SCA)
- enseignement (SCI - ALC - APC)
- commerce (FCCA)
- monde du travail en général (STC)

Disposant en plus de la tribune de l'Assemblée Régionale, de FR3 et d'un réseau extrêmement dense de pseudo-associations de toutes natures (PER U PAESE, SCHOOLUCCIA, SCOLA CORSA, A CATANA, A GHJUVENTU, A CULTURA, ASSOCIATION DES LYCEENS CORSE, LES AMIS DU CAP CORSE, ASSOCIU NAZIUNALISTA DI L'AGRICULTURA, ASSOCIU DI I PARENTI CORSI, ASSOCIATION JEAN-BAPTISTE ACQUAVIVA, FOIRE DE LA CHASSE, FOIRE DE LA GRAVONA, FOIRE DE BOCOGNANO, FOIRE DU FIUMORBU...), les séparatistes propagent leurs idées de manière insidieuse en touchant de plus en plus les jeunes. (NOTA : s'ajoutent à cette énumération non exhaustive l'association "A RISPOSTA" et le collectif d'avocats chargés plus spécialement de la défense des détenus corses).

L'organigramme présenté dans ce document s'appuie sur un recueil collectif important de renseignements. Il n'en demeure pas moins que la place des uns ou des autres, membres importants ou actifs du FLNC, reste soumise à l'appréciation des événements passés et qu'elle est susceptible d'être révisée.

De même la structure peut être modifiée, des hommes nouveaux peuvent apparaître, des rivalités internes se faire jour, etc...

Aussi ce document, plus qu'une énumération figée, doit devenir un instrument vivant, destiné à mieux cerner l'ex-FLNC et ses différentes composantes nationalistes. Il doit être utilisé pour le suivi permanent des individus connus.

Oeuvre collective, il mérite d'être en permanence complété par des renseignements nouveaux et enrichi par une information sans cesse renouvelée.

ORGANIGRAMME DE L'EX-F.L.N.C.

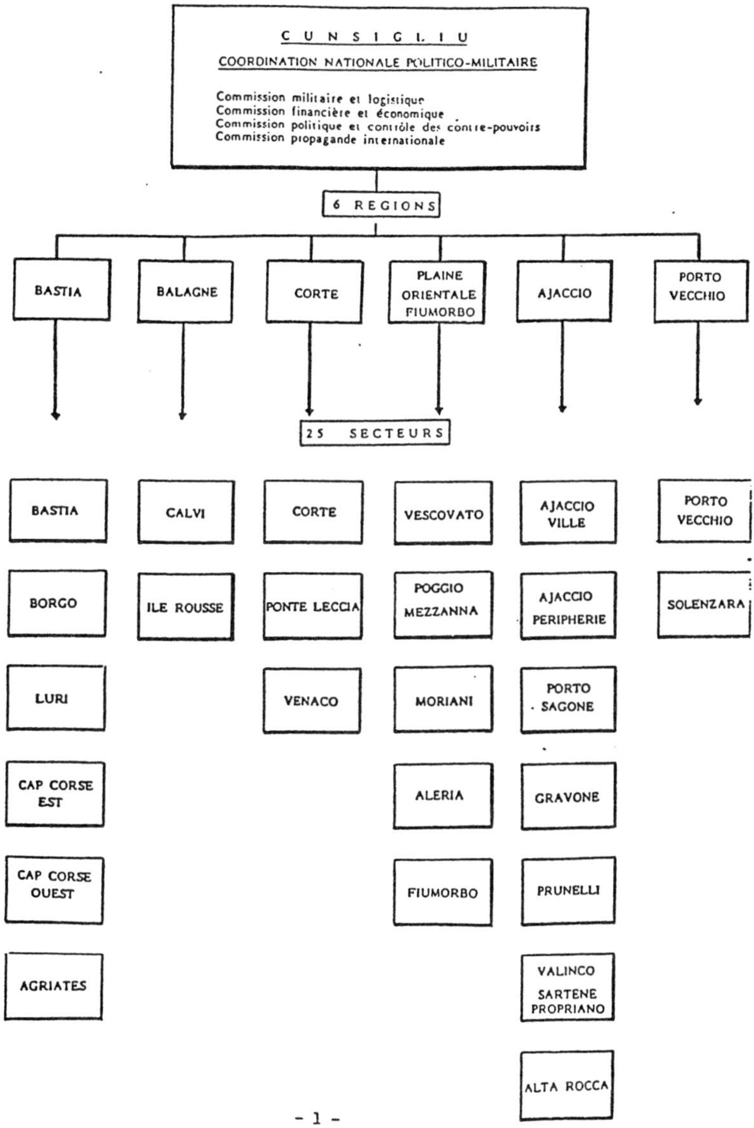

ANNEXE 2

FICHE INDIVIDUELLE DE RENSEIGNEMENT

NOM :

PRENOM :

DATE ET LIEU DE NAISSANCE :

ADRESSE COMPLETE (étage et porte si l'individu habite dans un immeu-
-ble) :

NUMERO DE TELEPHONE :

MARIE OU NON :

ENFANT(S) : NOMBRE ET AGE :

PROFESSION :

VEHICULE(S) : MARQUE:
COULEUR :
N° IMMATRICULATION :

IDEES POLITIQUES : MANDAT ELECTIF(S) :

FREQUENTATION(S) : LIEUX :
PERSONNES :

PHOTOS DE L'INDIVIDU.

AUTRES INFORMATIONS :

ANNEXE 3

ACTIONS CONTRE LA GENDARMERIE DE CORSE EN 1996

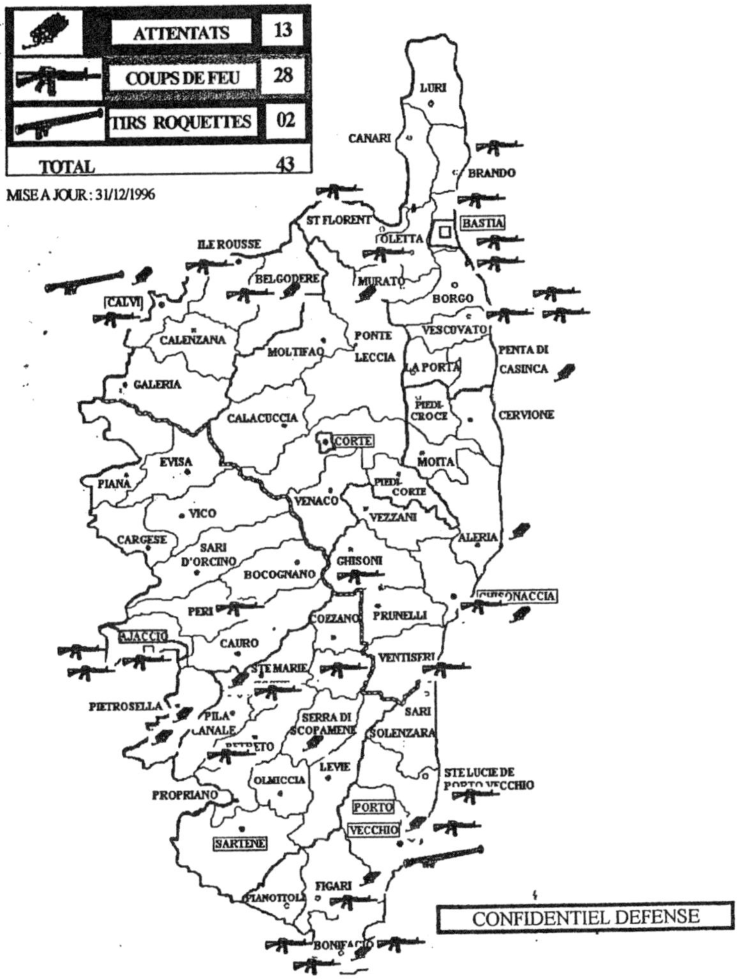

OBSERVATIONS :

Il existe une différence entre les actions inscrites sur la carte et celles reportées sur la liste jointe. Cette différence s'explique pour les raisons suivantes.

1° Les icônes sur la carte ne représentent que les attentats (13), les coups de feu (28) les tirs de roquettes (02), soit un total de 43 faits.

2° L'état joint renseigné en plus sur les attentats contre les résidences secondaires (02), les incendie et tentative (02), les menaces de mort et d'atteintes au biens (12), les inscriptions hostiles et calomnieuses (05), soit un total de 21 faits.

3° On comptabilise 64 faits réels contre 62 constatés (les mitraillages et attentats commis simultanément contre les gendarmeries de Bonifacio et Ghisonaccia ne comptent que pour 02 faits constatés).

ANNEXE 3 *bis*

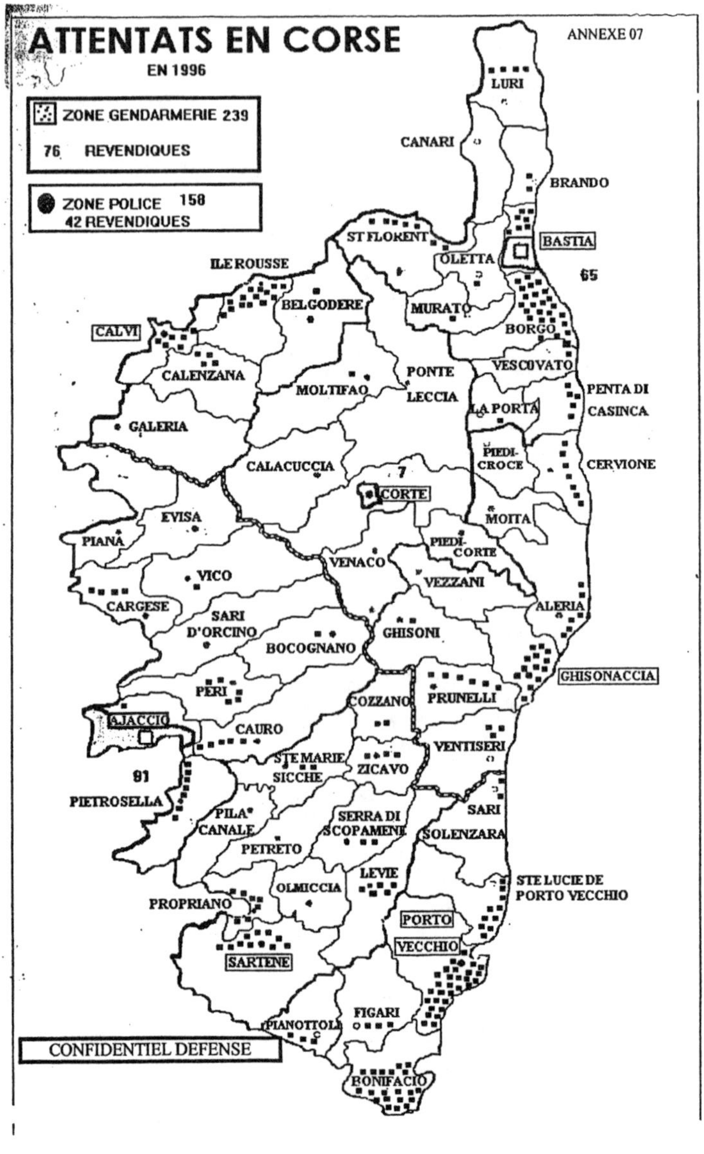
ATTENTATS EN CORSE
EN 1996
ANNEXE 07
ZONE GENDARMERIE 239
76 REVENDIQUES
ZONE POLICE 158
42 REVENDIQUES
LURI
CANARI
BRANDO
ST FLORENT
BASTIA
OLETTA
65
ILE ROUSSE
BELGODERE
MURATO
BORGO
CALVI
VESCOVATO
CALENZANA
MOLTIFAO
PONTE
LECCIA
PENTA DI
CASINCA
LA PORTA
GALERIA
PIEDI-
CROCE
CERVIONE
CALACUCCIA
7
CORTE
MOITA
EVISA
PIANA
PIEDI-
CORTE
VENACO
VICO
VEZZANI
CARGESE
ALERIA
SARI
D'ORCINO
GHISONI
BOCOGNANO
GHISONACCIA
PERI
COZZANO
PRUNELLI
AJACCIO
CAURO
VENTISERI
STE MARIE
SICCHE
ZICAVO
91
PIETROSELLA
SARI
PILA
CANALE
SERRA DI
SCOPAMENE
SOLENZARA
PETRETO
LEVIE
STE LUCIE DE
PORTO VECCHIO
OLMICCIA
PROPRIANO
PORTO
VECCHIO
SARTENE
FIGARI
PIANOTTOLI
CONFIDENTIEL DEFENSE
BONIFACIO

ANNEXE 4

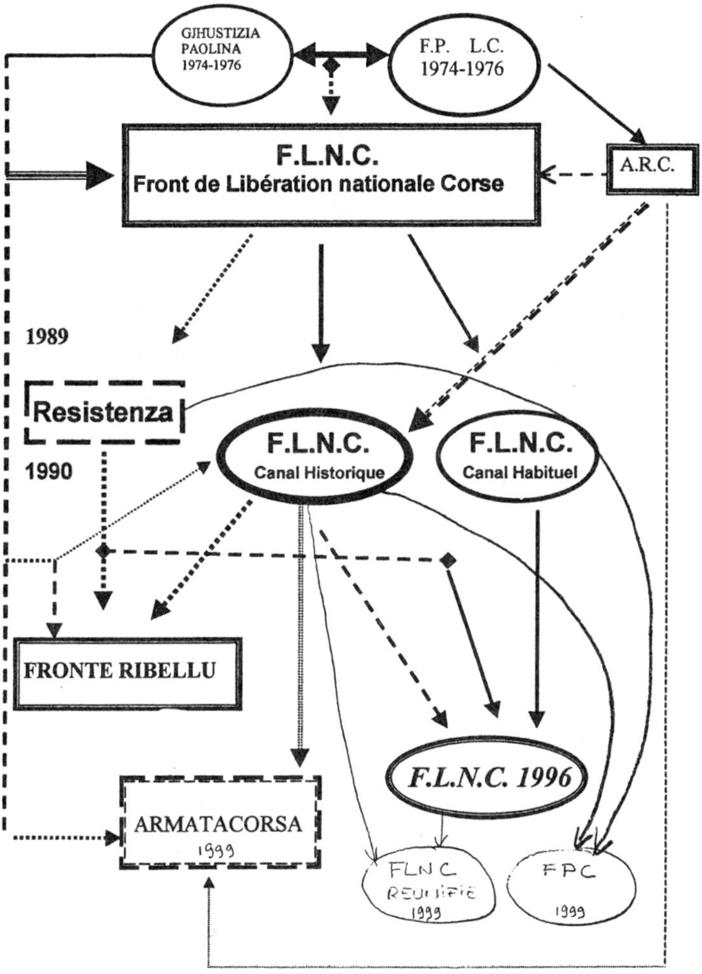

1999. Typologie des groupes politico-militaires de la LLN en Corse à travers l'évolution de certains acteurs politiques et leaders.

ANNEXE 5

RÉPUBLIQUE FRANÇAISE

MINISTÈRE DE L' INTÉRIEUR

DIRECTION CENTRALE DE LA POLICE JUDICIAIRE

Les services de Police recherchent
tous renseignements concernant 6 membres

de L'EX - F. L. N. C.

en fuite

de nature à permettre leur arrestation

Olivier SAULI

Né le 10 février 1964 à Bastia (2B).
1 m 70, cicatrice bec de lièvre.

J. Baptiste ACQUAVIVA

Né le 19 novembre 1960 à Ile Rousse.
1 m 68, yeux marron.

Charles PIERI

Né le 17 avril 1950 à Bastia (2B).
1 m 81, yeux marron-vert.

Jean André ORSONI

Né le 10 mars 1961 à Ajaccio (2A).
1 m 72, yeux marron.

Jean CASANOVA

Né le 9 janvier 1951 à Bastia (2B).
1 m 75.

Jean Vitus ALBERTINI

Né le 5 juillet 1962 à Paris (14ème).
1 m 70, yeux bleus.

ainsi que tous témoignages sur les homicides et actes de terrorisme perpétrés en Corse.

Contacter :

- Le Service Régional de Police Judiciaire d'AJACCIO, tél. : 95 21 06 18.
  BASTIA : 95 31 18 79.
- Tous services de Gendarmerie ou de Police.
- Les lignes spéciales des Cellules de lutte anti-terroriste de :
  - AJACCIO.....: 95 51 34 34.
  - MARSEILLE : 91 91 00 54.
  - NICE............: 93 89 23 66.
  - PARIS...........: 42 65 10 58.

*Une forte prime pouvant aller jusqu'à **1 000 000 francs** est proposée à toute personne qui apportera des renseignements permettant l'arrestation d'auteurs d'actes de terrorisme.*

L'anonymat le plus strict sera assuré.

ANNEXE 6

15 septembre 94

F.L.N.C

Revendiquons attentat contre Direction de l'Académie de Paris (15/09/94)

Contrairement aux discours des technocrates assénés par un matraquage médiatique sans précédent, cette nouvelle rentrée scolaire est dramatique pour le Peuple Corse. Le processus de francisation imposé depuis deux siècles arrive à son terme: à l'évidence l'Etat français a fait le choix politique de décorsiser notre jeunesse par l'application, inlassablement, de son système éducatif normalisé, arme majeure du jacobinisme le plus archaïque.

A la lutte obstinée contre la langue corse s'ajoutent aujourd'hui la relance de l'exil forcé des jeunes Corses diplômés vers les académies du nord de la France, le mépris des personnels ATOS contraints de travailler dans des conditions de plus en plus précaires, et les détournements en tous genres (d'objectifs et de moyens) des structures de pseudo-formation professionnelle ou comme le scandaleux IUPM.

Les réponses structurelles font pourtant aujourd'hui l'objet d'un large consensus en Corse: mise hors norme de l'Académie et concrétisation d'un véritable plan de développement de la langue corse.

L'heure ne peut donc plus être aux concertations alibis et aux écrans de fumée que sont les sempiternelles "mesures en faveur de la langue corse" annoncées avec zèle par des missionnaires éphémères ou par ceux qui se vendent par simple carriérisme, servant alors pitoyablement de caution à l'Etat.

La seule réalité est que la langue corse, pilier de notre identité, est en tant que telle marginalisée, et que son sort serait paradoxalement bien meilleur si elle avait sur sa propre terre un statut de langue étrangère ! Les filières actuelles de l'Ecole française en Corse condamnant la grande majorité des jeunes Corses au chômage ou à l'exil, les programmes scolaires niant obstinément notre culture et notre terre sont autant de carcans qui entravent un épanouissement culturel et un développement économique pour notre Peuple.

Face à ces enjeux majeurs, nous luttons et nous lutterons avec tous nos moyens et avec la plus grande détermination pour ne pas laisser perdurer un tel système qui condamne notre jeunesse à l'exil, au chômage, à la perte de son identité. L'urgence de la situation impose une réelle et rapide prise en compte politique de la question fondamentale d'un système éducatif au service du Peuple Corse.

Fronte di Liberazione Naziunale di a Corsica

ANNEXE 7

15 sept- 90

F.L.N.C

Quelles que soient les motivations des auteurs de l'action du 15 septembre à Paris, nous la démentons. Cette revendication a été effectuée à la suite d'une erreur technique qui s'explique par un excès de précipitation isolé. Nous veillerons à ce qu'un tel acte ne se reproduise plus dans l'avenir.

F.L.N.C.

ANNEXE 8

F.L.N.C

Après débat au sein de notre organisation ayant abouti à la communication du 14 novembre 1994, l'ensemble de nos militants a souhaité, en l'absence de toute négociation, s'adresser directement à l'Etat français, afin de préciser l'adaptation de nos actions pour permettre la mise en place par le gouvernement, dans un délai raisonnable, d'une solution politique au problème corse.

En ce qui concerne nos actions militaires, nous avons pris les décisions suivantes :

- suspension totale sur le territoire national français.
- en Corse, suspension des actions visant les fonctionnaires et les ressortissants français résidant sur notre territoire national.

Nous restons actifs, en cas de nécessité, en particulier contre la spéculation immobilière et le trafic de drogue.

Nous pensons sincèrement participer ainsi à la mise en place des conditions requises pour l'élaboration d'une solution politique s'inscrivant dans le cadre d'un projet de loi basé sur l'article 74.

Ce processus peut s'échelonner sur 3 temps.

Tout d'abord, en ce qui concerne le sort de nos prisonniers, si d'ici la fin de l'année se manifestaient les prémices d'une démarche irréversible, nous serions amenés à l'interpréter comme un signe politique.

En second, ce n'est que par un engagement ou une déclaration politique soulignant son intérêt pour une avancée institutionnelle que le ministre de l'intérieur pourra signifier à l'opinion corse sa réelle volonté de changement, et ce si possible avant que ne commence la campagne présidentielle.

Enfin, dès le début 1995 pourront s'amorcer les discussions techniques à travers des interlocuteurs que nous désignerons, sur le contenu global de ce projet de loi.

Fronte di Liberazione Naziunale di a Corsica

ANNEXE 9

22 NOV. 95

 **F.L.N.C** 

<u>Revendicuons</u>

Actions contre (22/11/95)

- Douanes Purti-Vechju.
- Douanes et P.A.F Bunifaziu.
- Sous- Préfecture Sartè.
- Préfecture Aiacciu.
- Palais de justice Aiacciu.

Nous mettons en garde l'État qui par l'intermédiaire de son représentant Jacques Coeffe tente de mettre en place une politique répressive en Corse.
Pour cela, il trouve un allié en la personne du bouffon de service Jean Baggioni qui serait mieux inspiré d'assumer ses responsabilités d'élu et de prendre la mesure de ses propos dans le contexte actuel.
Pour ce faire, nous demandons aux élus en l'occurrence Mr Baggioni, d'assumer ses responsabilités pour sortir notre pays du marasme économique dans lequel il se trouve et de cesser de faire des appels systématiques à la répression.

Fronte di Liberazione Naziunale di a Corsica

ANNEXE 10

FRONTE DI LIBERAZIONE NAZIUNALE DI A CORSICA

A POPULU FATTU BISOGNA A MARCHJA
FLNC

Madame, monsieur,

Vous êtes, de part votre profession, lié étroitement à l'activité immobilière sur la région Balagna. C'est pourquoi nous, Fronte di Liberazione Naziunale di a Corsica, vous mettons en garde contre la tentation de collaborer à la spéculation immobilière et à la destruction du litoral.

Dans cette optique, nous vous conseillons fortement de refuser systématiquement tout chantier suspect ainsi que toute association susceptible de rendre partie prenante un trust étranger à un projet immobilier.

En cas d'hésitation de votre part, nous vous conseillons d'en faire part immédiatement à notre organisation: demandez une entrevue par l'intermédiaire des représentants du mouvement nationaliste public, nous vous contacterons ultérieurement.

Sachez que nul dans ce pays ne peut se prévaloir d'une quelconque immunité: financiers corses ou étrangers, "personnalités" mafieuses ou clanistes bon teint.

Nous frapperons quiconque ira contre les intérêts collectifs de notre peuple, en particulier dans le domaine immobilier.

Le temps des "petits arrangements" du canal habituel est bel et bien fini. Nous publierons bientôt un code des investissements, en attendant voici les grands axes à respecter:

*Aucne construction sur la bande littorale

*Transparence des investissements sur les gros projets

*Répartition équitable des chantiers entre les entreprises locales

Salutations déterminées.

Historique

Mis à part l'émergence sporadique de groupuscules autour de slogans tels que « Corse libre » ou « Pedi neri fora » (Pieds-noirs dehors), souvent géographiquement limités à la plaine orientale, l'apparition d'organisations politico-militaires clandestines proprement dites remonte aux années 1973-1974, avec la création successive du FPCL, Front patriotique corse de libération, le 9 octobre 1973, et de Ghjustizia Paolina, qui revendique le plasticage d'une caravelle sur l'aéroport de Bastia le 22 mars 1974. Ces groupes, recrutant pour le premier essentiellement au Sud, pour le second au Nord, fusionnent le 5 mai 1976 en une nouvelle organisation dénommée FLN, Front de libération nationale, puis FLNC, Front de libération nationale de la Corse. Voici quelques-unes des dates principales de cette histoire.

J.-M. R.

21 août 1975. Événements d'Aléria. Edmond Simeoni, à la tête d'un groupe de militants de l'Action régionaliste corse (ARC), occupe la cave vinicole d'un pied-noir. Deux gendarmes sont tués pendant l'assaut.

5 mai 1976. Apparition du Front de libération nationale de la Corse (FLNC) qui signe sa naissance par vingt et un attentats en Corse et sur le continent. Il diffuse un tract exhortant chaque Corse à devenir un « soldat de la lutte de libération nationale ».

1977. Parution du « livre vert », bible de l'organisation politico-militaire.

17 juillet 1977. Création de l'Union du peuple corse (UPC).

Mars 1978. Apparition de FRANCIA, organisation anti-nationaliste proche du RPR et du SAC, qui veut « mater » le FLNC.

Juin 1978. Première vague d'arrestations au sein du FLNC à l'occasion de la visite en Corse du président de la République Valéry Giscard d'Estaing.

6-11 janvier 1980. Trois membres du SAC-FRANCIA sont interceptés par des militants à Bastelica alors qu'ils s'apprêtent à enlever un responsable nationaliste. S'ensuivent des événements tragiques qui font trois morts, dont un CRS, dans un climat insurrectionnel.

Mars 1980. Création de la Consulte des comités nationalistes (CCN), à laquelle succéderont le MCA puis A Cuncolta, représentations publiques du FLNC. Parution du « livre blanc » du FLNC qui s'y affirme comme la direction politique de l'ensemble du mouvement national, mais admet la nécessité d'organiser le peuple, notamment par le biais de « contre-pouvoirs », prélude à un syndicalisme corse.

10 mai 1981. Élection de François Mitterrand à la présidence de la République. Décrispation et trêve de l'organisation clandestine, régulièrement reconduite à l'occasion de plusieurs conférences de presse.

Février 1982. Au cours d'une action qualifiée par le FLNC de coup de semonce, un légionnaire est tué, un autre grièvement blessé lors d'une opération commando qui dérape.

2 mars 1982. Loi sur le statut particulier de la Corse, préparée par Gaston Deferre, ministre de l'Intérieur, et assortie d'une amnistie portant y compris sur les crimes de sang.

17 juin 1983. Disparition de Guy Orsoni. Présentée comme une affaire politique imputée aux barbouzes, cette disparition permet à la CCN et au FLNC de faire oublier leur discrédit après les affaires crapuleuses d'assassinats, comme celui du coiffeur Schoch, lié à l'impôt révolutionnaire. Une campagne sans précédent est lancée contre « l'État français assassin ».

Septembre 1983. Le gouvernement dissout le FLNC et la CCN, qui est aussitôt remplacée par le MCA, mouvement corse pour l'autodétermination.

Juin 1984. Un commando de trois militants s'introduit dans la prison d'Ajaccio et exécute dans leurs cellules deux truands convaincus d'avoir participé à l'enlèvement et à l'assassinat de Guy Orsoni.

Avril 1986. Première cohabitation, Charles Pasqua devient ministre de l'Intérieur et promet à la Corse de terroriser les terroristes.

21 janvier 1987. Le Mouvement corse pour l'autodétermination (MCA) est dissous en Conseil des ministres.

28 juin 1987. Naissance de A Cuncolta naziunalista, vitrine légale du FLNC.

17 octobre 1987. Le FLNC revendique l'assassinat à Ajaccio, en janvier 1986, de deux Tunisiens présentés comme des trafiquants de drogue. En fait, les deux victimes sont des travailleurs immigrés, fumeurs occasionnels de haschich.

Mai 1988. Réélection de François Mitterrand, retour d'une majorité relative de gauche à l'Assemblée nationale et nouvelle loi d'amnistie (votée le 10 juillet 1989). Préparation du nouveau statut pour la Corse sous l'égide de Pierre Joxe, ministre de l'Intérieur.

18 juin 1988. Assassinat de Paul Prudenti à Calvi par des membres du FLNC qui ont partie liée avec une bande de truands.

16 septembre 1989. Pierre Poggioli, leader historique du FLNC, annonce sa démission. En fait, il est exclu du Front. Le 24 octobre, il crée l'Accolta naziunale corsa (ANC). Un an plus tard apparaîtra une organisation clandestine, Resistenza, bras armé de l'ANC.

Août 1990. Nouvelle crise au sein du FLNC. Cette fois, la majorité de la direction, réunie autour d'Alain Orsoni, s'oppose à la majorité de la base militante. Orsoni et ses amis quittent le mouvement public A Cuncolta pour fonder le Mouvement pour l'autodétermination (MPA).

Octobre 1990. Naissance de Resistenza, groupe clandestin proche de l'ANC.

25 novembre 1990. À Borgo se crée une nouvelle organisation clandestine : le FLNC Canal historique, proche de A Cuncolta. Par opposition, l'ancienne structure FLNC, passée aux mains de militants du MPA, devient le Canal habituel.

Janvier-février 1991. Certains secteurs du Canal historique, notamment la Balagne, lancent une campagne d'envergure contre la spéculation foncière et immobilière. Le Canal habituel et le MPA condamnent. Le climat est très tendu.

12 avril 1991. L'Assemblée nationale adopte définitivement le projet de loi concocté par Pierre Joxe sur le nouveau statut de la Corse. Le 9 mai, le Conseil constitutionnel annule l'article un, qui reconnaît l'existence du peuple corse composante du peuple français.

29 mars 1992. La coalition Corsica Nazione, constituée sous l'égide de A Cuncolta, et qui regroupe derrière Edmond Simeoni l'Union du peuple corse (UPC), l'ANC et les Verts corses, remporte une victoire éclatante à l'Assemblée de Corse.

Août 1992. Le FLNC revendique l'exécution de deux trafiquants de drogue à Scandola. À Calvi, Jean Orsini est abattu.

23 septembre 1992. Le FLNC Canal habituel annonce l'abandon de la pratique de l'impôt révolutionnaire.

Mai 1993. Deuxième cohabitation. Charles Pasqua revient au ministère de l'Intérieur et entame des discussions avec les représentants du Canal historique.

15 juin 1993. Robert Sozzi, militant du FLNC Canal historique et employé de la société de convoyage de fonds Bastia Securita, est abattu. Le Canal historique revendique son assassinat en août, lors des journées internationales de Corte, en invoquant la légitime défense préventive.

6 mai 1994. Prenant prétexte de l'affaire Sozzi, Edmond Simeoni et l'UPC quittent Corsica Nazione. Démissions discrètes au sein de A Cuncolta. Ceux qui s'en vont créeront plus tard le groupe de réflexion Scelta Nova.

Juin 1994. Arrestation de quatorze militants du FLNC Canal historique sur le domaine de Sperone.

18 juillet 1994. Tentative d'assassinat sur Pierre Poggioli, qui est grièvement blessé par deux hommes à moto en plein centre d'Ajaccio.

10 novembre 1994. Le FLNC Canal habituel organise deux conférences de presse simultanées et lance une mise en garde au milieu local.

14 novembre 1994. Le FLNC Canal historique écrit à Charles Pasqua pour proposer une trêve partielle des attentats en échange d'avancées politiques.

24 novembre 1994. Charles Pasqua répond positivement au Canal historique dans sa lettre « À mes compatriotes ».

26 décembre 1994. Jean-François Filippi, maire de Luciana et président du Sporting Club de Bastia, est abattu alors qu'il quitte son domicile pour se rendre à Paris.

28 décembre 1994. En représailles, Frank Muzy, ancien membre de A Cuncolta, est assassiné à Bastia.

16 février 1995. Assassinat à Ajaccio de Jean-Pierre Leca, militant MPA.

23 avril 1995. Assassinat à Porticcio de Luc Belloni, militant MPA.

7 mai 1995. Jacques Chirac est élu président de la République. Jean-Louis Debré remplace Charles Pasqua au ministère de l'Intérieur.

29 mai 1995. Tentative d'assassinat à la sortie d'Ajaccio sur François Santoni. Stéphane Gallo, militant Cuncolta, est tué.

13 juillet 1995. Assassinat près d'Ajaccio de Jean-Nicolas Bachelli.

25 juillet 1995. Tentative d'assassinat à Propriano contre Tino Delovo, du Canal habituel.

26 juillet 1995. Le matin, à Ajaccio, Antoine Giacomoni et son fils Frédéric, militants MPA, sont abattus. L'après-midi, près de Bastia, Vincent Dolcerocca, secrétaire permanent de la Cuncolta, est abattu.

27 juillet 1995. Tentative d'assassinat à Ajaccio sur Lucien Antona, militant MPA.

10 août 1995. Le FLNC Canal historique tient une conférence de presse pour dénoncer la dérive mafieuse du bloc MPA-FLNC Canal habituel.

30 août 1995. Assassinat à Bastia de Pierre Albertini, militant MPA. L'un de ses agresseurs, Jean-Pierre Duriani, militant du FLNC Canal historique, est tué.

31 août 1995. Assassinat à Corte de Noël Sargentini, militant Cuncolta.

9 octobre 1995. Le FLNC Canal historique revendique les exécutions des Giacomoni père et fils, de Pierre Albertini et la tentative sur Lucien Antona, et décrète un cessez-le-feu.

28 octobre 1995. Assassinat à Corte de Paul Carlotti, militant MPA.

Décembre 1995. Spectaculaire campagne d'attentats contre les édifices publics dans toute la Corse revendiquée par le Canal historique.

11 janvier 1996. Le FLNC Canal historique organise une conférence de presse à Tralonca, en mobilisant plusieurs centaines de militants. L'organisation annonce une trêve de trois mois reconductible et présente ses revendications. Le lendemain, Jean-Louis Debré, ministre de l'Intérieur, en visite à Ajaccio, répond point par point aux exigences du Front.

Fin janvier 1996. Assemblée générale de A Cuncolta. François Santoni et Charles Pieri deviennent les secrétaires nationaux de la Cuncolta, Jean-Michel Rossi est élu rédacteur en chef du *Ribombu.*

16 février 1996. Assassinat à Ajaccio de Jules Massa, militant Cuncolta.

18 février 1996. Assassinat à Porto-Vecchio de Charles Andreani, militant ANC.

3 mars 1996. Congrès du MPA à Ajaccio. Un groupe de militants fait scission et crée Corsica Viva. Le mouvement se dote le 5 mai d'un bras armé, le FLNC du 5 mai 1996.

1er juillet 1996. Attentat à la voiture piégée sur le vieux port de Bastia. Pierre Lorenzi, responsable de la Cuncolta, est tué. Charles Pieri, secrétaire national de la Cuncolta pour la Haute-Corse, est grièvement blessé. A Cuncolta suspend toute activité publique pour raisons de sécurité.

Septembre et octobre 1996. Campagne d'attentats du FLNC Canal historique contre Alain Juppé, dont la mairie de Bordeaux est plastiquée le 5 octobre.

16 décembre 1996. Marie-Hélène Mattei et François Santoni sont interpellés dans le cadre d'une plainte pour tentative d'extorsion de fonds sur le domaine de Sperone.

Janvier 1997. Interpellation de Jean-Michel Rossi et de plusieurs militants de Balagne.

29 janvier 1997. Autodissolution du FLNC Canal habituel.

Juin 1997. Lionel Jospin est nommé Premier ministre. Le FLNC Canal historique décrète une trêve.

Janvier 1998. Le FLNC Canal historique annonce la rupture de la trêve.

6 février 1998. Assassinat à Ajaccio du préfet Claude Erignac.

Mai 1998. A Cuncolta naziunalista change de nom et devient A Cuncolta indipendentista.

Septembre 1998. François Santoni et Jean-Michel Rossi démissionnent de la Cuncolta.

4 octobre 1998. Arrestations à Bastia de Charles Pieri et de trois autres militants trouvés en possession d'un arsenal.

4 novembre 1998. Huit organisations nationalistes (ANC, À Chjama per l'indipendenza, Associu per a suvranità, Corsica Viva, Corsica Nazione, A Cuncolta indipendentista, u Partitu per l'indipendenza, I Verdi corsi) se regroupent sous la bannière Unità.

Mars 1999. Succès électoral pour Corsica Nazione à l'Assemblée de Corse.

25 juin 1999. Apparition d'une nouvelle organisation clandestine, Armata Corsa.

8 octobre 1999. Apparition d'une nouvelle organisation clandestine, le Front patriote corse, qui revendique six attentats et trois tentatives en Corse.

Bibliographie

Action régionaliste Corse, *Autonomia*, 1974.

ANDREANI Jean-Louis, *Comprendre la Corse*, éditions Gallimard Folio, 2000.

ANTONETTI Pierre, *Histoire de la Corse*, éditions Robert Laffont, Paris, 1973.

BOURDE Paul, *En Corse. L'esprit du clan*, éditions Latour, Paris, 1887.

BRIQUET Jean-Louis, *La Tradition en mouvement. Clientélisme et politique en Corse*, éditions Belin, 1997.

CRETTIEZ Xavier, *La Question corse*, éditions Complexe, Paris, 1999.

Front régionaliste Corse, *Main basse sur une île*, éditions Jérôme Martineau, Paris, 1971.

GIL José, *La Corse entre la liberté et la terreur*, éditions La Différence, 1991.

LEFÈVRE Marianne, *Géopolitique de la Corse*, éditions L'Harmattan, Paris.

MARCHETTI Pascal, *Une mémoire pour la Corse*, Flammarion, Paris, 1980.

POGGIOLI Pierre, *Chroniques d'une île déchirée*, éditions L'Harmattan, Paris, 1999.

POGGIOLI Pierre, *Journal de bord d'un nationaliste corse*, éditions de l'Aube, La Tour-d'Aigues, 1996.

Rapport de la commission d'enquête parlementaire, *Corse, l'indispensable sursaut*, présidée par Jean Glavany, Paris, 1998.

Rapport de la commission d'enquête parlementaire, *La Sécurité, un droit pour les Corses, un devoir pour l'État*, présidée par Raymond Forni, Paris, 1999.

SIMEONI Edmond, *Corse, la volonté d'être*, éditions Albiana, Ajaccio, 1995.

VANINA, *Corse, la liberté, pas la mort*, éditions Acratie, 1983.

VANINA, *La Revendication institutionnelle en Corse*, éditions Acratie, 1995.

Table

Cet ouvrage a été réalisé
par la Société Nouvelle Firmin-Didot
Mesnil-sur-l'Estrée
pour le compte des Éditions Denoël
en juin 2000

Imprimé en France
Dépôt légal : juin 2000
N° d'édition : 9548 – N° d'impression : 51572